ここだけはおさえたい！

教師1年目の授業づくり

A TEXTBOOK FOR NEW TEACHERS

野中信行 編著

学陽書房

はじめに

　「初任の先生のクラスは８割が荒れていく！」

　たくさんの先生方からこのような声を聞きます。なぜ初任の先生のクラスは荒れるのでしょうか。

　ここには、現在の初任者指導のあり方が大きく関わっているのだと考えています。

1　クラスが軌道に乗るには、まず「土台づくり」！

　現在の初任者指導は、「授業」に特化しています。

　指導の先生たちが、「授業がうまくいくことがクラスを軌道に乗せていくのだ！」と思い込んでいるからです。

　初任のクラスが荒れ出すと、指導の先生はきまって、

　「先生の授業がつまんないからだよ！　もっと教材研究をしなくてはならない！」と指導していきます。

　初任の先生も、確かにつまらない授業をしていると自覚しているので、一生懸命教材研究をしようと頑張ります。指導書を丹念に読み込んだり、指導案を書いたりします。教材研究といっても、この程度しかできません。分刻みの生活をしているのですから。

　それでも、クラスの荒れは治まりません。ますます荒れていきます。

　だから、結局初任の先生は、「自分は教師に向いていない！」と結論づけます。そして辞めていきます。

　こんな事例を数多く見聞きするようになりました。

　なぜ荒れるのでしょうか。

　私たちの答えは、１つです。

　「土台づくりに失敗しているからだ！」と。

　「授業のつまらなさ」が原因ではありません。

　最初に学級をつくること（学級づくり）、子供たちとの関わり方（関係づくり）、集団のつくり方（集団づくり）が問題なのです。この「土

台づくり」に失敗しているのです（くわしくは、拙著『新卒時代を乗り切る！　教師１年目の教科書』を参照してください）。

２　クラスが軌道に乗ったら、授業の出番！

　それでは、「授業のつまらなさ」はそのままでいいのかということになります。そんなわけはありません。

　ただ、初任の先生たちは、すぐには授業が上手になりません。さまざまな問題が浮き彫りになります。

　その浮き彫りになってくる課題を１つ１つ克服していくことが大切になります。

　クラスに「土台」ができたら、次には、その土台の上に「授業」を乗せていくのです。さらにクラスを軌道に乗せていくのです。

　そこでの課題は、毎日の授業（日常授業）をどのように軌道に乗せていくかになります。

　そのために、私たちは、この本を書きました。

　私たちは、オンラインで初任者講座「オンライン教師１年目の教室」を開いています。２月から７月までの月１回の講座です。

　その講座のスタッフ４人（野中、秦、水谷、田村）でこの本を仕上げました。

　この本は特別な「ごちそう授業」を提供しているのではありません。私たちが今まで初任の先生を指導してきた経験をもとに、どうすれば毎日の授業を豊かにしていくことができるのかに絞って提案しています。

　くり返しになりますが、大切なことは毎日の「日常授業」をうまく軌道に乗せることなのです。

　2023年７月

　　　　　　　　　　　　　　　　　　野中　信行

CONTENTS

最初の1週間で身につけたい 基本の「指導技術」

初任者が身につけたい 基礎・基本の技術

第**3**章 最初の1時間目の授業を
どうつくるか？

第4章 どう授業づくりをしていくか？ ―心構え

第5章 初任者の成功授業の事例

第6章 初任者の失敗授業の事例とその回復法

第7章 つまずきのある子供への指導法

第 1 章

最初の1週間で
身につけたい
基本の「指導技術」

まず「学習ルール」を身につける

子供たちも安心する学習ルールを身につけさせよう

　まず授業を始めるにあたり、なぜ学習ルール（授業規律や学習規律と呼ばれている）が必要になるのでしょうか。

　それは、学習へのスムーズな導入のためです。学級にも集団のルールがあるように、学習にも約束ごと（ルール）が必要になります。これがきちんと確立していくと、一々注意をすることがなくなり、すぐに学習の内容に入っていけます。

　何よりも、その約束ごとがあるために、子供たち自身が何をすればいいかがわかり、安心し、安定していきます。

　ただ、この学習ルールは、ふつう学校や学年で決められていることが多いのですが、各先生たちでまちまちの場合もあります。

　そこで、基本的な学習ルールを紹介しておきます。

　新学期が始まって1週間の間に身につけてほしいルールです。

①挙手をきちんとする（天井に突き刺さるように手を挙げる）。
②名前を呼ばれたら「はいっ」と返事をする。
③授業時間を守る（決められた時間で始め、終わる）。
④机上の整理をする（決められたものだけを出しておく）。
⑤机の中の整理・整頓をきちんとする。
⑥ノート指導の徹底（第2章STEP 2でくわしく紹介）。

⑦筆箱の中身を整える。

うまくいっている子供にはフォローを出そう！

　私は、①②③を最初の３日間の間に指導し、④⑤⑥⑦を１週間の間に指導したほうがよいと紹介しています（拙著『新卒時代を乗り切る！教師１年目の教科書』学陽書房）。

　低学年の担任は、最初の１週間の最も重要な課題になります。

　この課題が、これからの学習の大きな決め手になります。とくに、⑤の指導は最重要な課題です。これがうまくいかなかったら、すべてを机の中にぐちゃぐちゃに詰め込んで、いつも机の周りを落とし物でいっぱいにする子供が必ず何人か出てきます。

　これらの学習ルールについては、学年で統一されている場合が多いです。だから、指導する場合は、必ず学年主任の先生に確認をとって進めていきます。

　⑦の筆箱の中身についても本来は学年で統一されるべきことなので、これも学年主任の先生に確認をとりましょう。

　徹底させるためには、注意や叱りだけではうまくいきません。

　うまくいっている子供に対して、必ずフォロー（ほめたり、認めたりすること）をする必要があります。「はやいね！」「上手だね」「さすがだね」などとほめていくことです。

　ほめられる成功体験は、くり返しを呼び込んでいきますので、習慣として身につけさせていくことには最適です。

　ぜひとも、フォローのための「SWIM話法」を身につけてください。

　この程度のフォローはすぐに出せるようにしましょう。

〈SWIM話法〉
　S……すごい、すばらしい、さすが、その調子
　W……わかるよ　　I……いいね　　M……みごとだね

（野中）

「一時に一事の原則」を身につける

▲ ▲ ▲ ▲ ▲ ▲ ▲ ▲ ▲ ▲ ▲ ▲ ▲ ▲ ▲ ▲ ▲ ▲

一度にたくさんの指示を出すと、子供は混乱する！

　体育のとき、ある初任の先生は次のような指示を出しました。

　跳び箱指導の準備です。班ごとに準備をさせました。

　「1班と2班と3班はマットをここへ並べなさい。4班と5班と6班は跳び箱5段を持ってきて、7班と8班はロイター板を2個ずつ持ってきます」と一気に伝えました。

　すると、子供たちは、「何を持ってくればいいのですか？」「何個ですか？」と次々に聞きにいっています。担任は、いらいらして「さっき何を聞いていたの！　言ったでしょう！」と強く叱っています。よくある場面です。

　でも、これは、担任の指示が間違っていたのです。子供たちの問題ではありません。

　一度にたくさんの指示を出すと、子供たちは混乱してしまいます。

> 1回に1つの指示を出します。一時に一事の原則です。

「一時に一事の原則」で子供たちを動かす！

　それでは、先ほどの指示を、「一時に一事の原則」に変えるにはどう

いう指示になるのでしょうか (註)。

①１、２、３班は立ちなさい。マットを持ってきます。マットを持っ
　てきたら、ここに並べましょう。

②４、５、６班は立ちなさい。跳び箱４段を持ってきます。持ってき
　たら、ここに並べましょう。

③７、８班は立ちなさい。ロイター板を２個ずつ持ってきます。持っ
　てきたら、それぞれの班のマットと跳び箱の間に置きましょう。

　このように指示を出して、それぞれの班ごとに動かしていきます。
指示を出して動かしていくと、子供たちは混乱なく行動できます。

　とくに、軽度の発達障害児（ADHD）は、ワーキングメモリー（作
業記憶）が１つしか頭に入りません。「国語の教科書を開いて、24ペー
ジを読んでおきましょう」と指示を出しても、「え？　先生、どこ読む
の？」と聞き返してしまいます。

　そうすると、「何を聞いていたの？　さっき言ったでしょう！」と叱っ
てしまうことが多くなります。これをやると、その子を二次障害へと進
ませてしまいます。

　この場合も、「国語の教科書を出しましょう」（確認して）、「24ペー
ジを開きます」（確認して）、「そこを読んでおきましょう」と３つの指
示を出すのです。こうすれば、発達障害児も混乱することなく、指示に
従えます。

　すぐには、なかなかできません。

　それでもこれがスムーズにいきだしたら、次には「２指示行動」や「３
指示行動」など多指示で行動できるようにしていきます。　　　　（野中）

　註：「一時に一事の原則」は、『授業の腕をあげる法則』（向山洋一著、明治図書
　　　出版、1985年）を参考にしてください。

子供へ向ける
「視線」を鍛える

▲ ▲ ▲ ▲ ▲ ▲ ▲ ▲ ▲ ▲ ▲ ▲ ▲ ▲ ▲ ▲ ▲ ▲

子供たちを漫然と見ている！

　この「視線」が初任の先生にとっては、もっとも難しい課題です。子供たち全体を見ることは、実はとても難しいのです。

　とくに、コロナ禍でマスク生活が始まって３年以上経ちますが、子供たちの表情を見ることができなくなって大変になっています。

　また、「１人１台端末」が教室に配付されてから、さらに子供たちの表情を見ることが難しくなっています。

　それでも、初任の先生は、「つとめて子供たちを見るようにしています」と言います。

　子供たちを「見る」というのは、次のことなのです。

①今、話していることに対して集中して聞いているのか？
②今、指導していることを理解しているのか？
③他の子供の発表に耳を傾けているか？

　ただ、漫然と見ているだけではこれらを「見る」ことはできません。初任の先生の授業を参観することは多いのですが、参観したあとに質問することがあります。

　「先生、算数の時間にＡくんが手いたずらをずっとやっていたのですが、わかっていましたか？」

「先生、Bさんが発表しているときに他の子供たちがBさんの発表を聞いているのがわかっていましたか？　CさんとDさんは聞かないで、ノートに落書きしていたのですが、わかっていましたか？」

このような質問をします。初任の先生から返事はありません。

すぐにできる2つの視線の向け方

子供へきちんとした視線を向けることは、すぐにはできません。「見る」ことをくり返して自然に身につくようにしなければならないのです。

これが意識されていないと、いつまで経っても身につきません。

それでは、初任の先生がどこから「見る」ことを始めていくかです。2つあります。

①子供たちへ話したり、指示を出したりしたら、まず全体を見る癖をつけること。
②子供が発表したら、その周りの子供を見る癖をつけること。

①は重要です。

先生たちは、何か指示を出したら、全体に目を向けないですぐに机間指導へ向かったり、自分の仕事をしたりします。これではだめです。5秒間は、全体に目を向けて伝わっているか判断します。

②も重要です。

その子供が発表したら、ずっとその子へ視線を向けっぱなしです。また、その子供が黒板の前で書いたことを発表していたら、ずっと黒板へ視線を向けっぱなしになってしまいます。

その子供の話を聞きながら、その周りの子供たちの様子を見ることがポイントなのです。これは難しいです。すぐにはできないことですが、続けていればきっとできるようになります。　　　　　　　　　　（野中）

「スピード・テンポ」で授業を進める

▲ ▲ ▲ ▲ ▲ ▲ ▲ ▲ ▲ ▲ ▲ ▲ ▲ ▲ ▲ ▲ ▲ ▲

「空白の時間」をつくってはいけない！

　初任の先生に次のような相談を受けることがあります。

　　授業で勉強についてこれない子供が何人かいます。私はついついその子たちを優先して対応しているのですが、そうすると、クラスがにぎやかになり、荒れてしまいます。どうしたらいいのでしょうか。

　これは、初任者の共通の悩みになっています。
　勉強についてこれない子供たちに何とかわからせたいと必死になっている初任の先生の姿が目に浮かんできます。
　でも、これをやったら、教室は荒れていきます。なぜでしょうか。

　　空白の時間がしばしばできるから。

　クラスでは、理解の早い子供と理解の遅い子供がいます。
　理解の早い子供は、すぐにわかってしまいます。遅い子供は、時間がかかります。
　担任が遅い子供に合わせていたら、当然ほとんどの子供たちに「空白の時間」ができてしまいます。その子供たちはやることがないので遊ん

でしまい、クラスがにぎやかになってしまいます。

　荒れて、学級が壊れてしまうクラスの特徴は、次のようになります。

クラスのスピード感がなくなっていく！

スピード・テンポで授業を進めていく！

　どうしていけばいいのでしょうか。

　理解が遅い子供に授業の流れを合わせてはいけないのです。

　授業は、「スピード・テンポ」で進めていかなくては子供たちがうまく乗ってくれないからです。

　とくに、今の子供たちは、ゲームにのめり込んで、身体にスピード感を染み渡らせています。だから、ゆっくり、スローなペースの授業が、合わなくなっています。イライラしてしまうのです。

　「じゃあ、遅い子供は置き去りにしていくのですか？」
となります。

　理解の遅い子供も、そのうち授業のスピードについてこられるようになります。子供たちのほうが対応は早いのです。

　そして、遅い子供には、次のような対応で進めていくことをおすすめします。「教えていく」を基本にすればいいのです。

①どんどん内容を教えていく。
②「黒板に書いてあることを写しなさい！」と声かけする。
③答えを点々で書いて、「なぞりなさい！」と指示する。

　授業は「みんなが先、個々が後」という原則が必要です。全体に指導をしながら、その間に個々の子供に対応するということです。「空白の時間」をつくらないことが肝心です。　　　　　　　　　　　　（野中）

授業開始日の環境づくり

▲ ▲ ▲ ▲ ▲ ▲ ▲ ▲ ▲ ▲ ▲ ▲ ▲ ▲ ▲

決め手は素早い環境づくり

　授業を円滑に進めるためには、まず授業開始の**環境**を整えることが大切です。次の２つが具体的なチェックポイントになります。

> ①教師や自分以外の子の話を落ち着いて全員が聞けるか。
> ②時間になったら着席して学習の準備を全員ができるか。

　この２つについて、初任者の多くはできるまで待つ姿勢をとりがちです。素早くチェックし、すぐに授業に入れるよう習慣づけます。

　さらに、すべての教科に共通する共通基盤は「読み」「書き」と捉えて、まず**「読める」「書ける」環境**を整えることが大切です。

「読める」環境を整えよう

　授業開始時には、日ごろ最もよく使う次の３点セットを素早く準備させることが必要です。

> ・教科書　・ノート　・筆入れ

初任者の多くがここを甘くみがちです。全員が短時間で用意できるよ

うにします。**4月の授業開始の日に**練習するとよいでしょう。

教師「これから授業準備を素早くする練習をします。『国語』と先生が言ったら、国語の教科書とノートと筆入れの3点セットを出します。『算数』と言ったら、算数の3点セットを出します。出せたらさっと立ちます」

教師「では、始めます。算数」

（子供たち、準備をして立つ）

教師「素晴らしい。5秒で全員立てました」

　そして、最後にもう一言付け加えます。

教師「今日は先生が指示（話）して準備ができました。もっと、よい方法があるのですが、誰かわかりますか」

子供「言われなくても時間割を見て自分で準備することです」

教師「なるほど、素晴らしい。明日はそうできるといいですね」

　3点セットを素早く用意できるようになったら、**言われなくても教科書・ノートを開き、読んで待っている状態**へ導くとよいでしょう。

「書ける」環境を整えよう

　次の点検ポイントを参考にくり返し指導します。

①筆記用具がそろっているか。

　鉛筆5本、赤鉛筆1本、消しゴム1個など必要最低限の数にします。筆入れを置く位置は机の前方にします。

②正しい持ち方で鉛筆を持っているか。

　鉛筆の芯が減ってきたら回しながら使うということも教えます。

③よい姿勢を保てるか。

　腰骨を立て、身体をまっすぐにします。背筋ピンは、余分な力が入るので避けます。鉛筆を持たないほうの手の平を机の上に置かせることも大切です。

　言われなくてもできている子こそ、ほめることが大切です。　　　（秦）

第 2 章

初任者が
身につけたい
基礎・基本の技術

板書の技法

板書上達への道その1　「型を決めよ!」

　板書を上達させるには、教科ごとに板書の型を決めておくことです。

　たとえば、算数なら①日付・ページ・単元名を書く、②めあてを線で囲む、③問題を書く、④子どもの考えを板書する、⑤まとめを書く、といったように板書の大枠を決めておくとよいです。

板書上達への道その2　「書くことを絞れ!」

　初任者の先生がやりがちなのは、子供の発言を一語一句落とさずに書くということです。これでは、板書の量が増えてしまいます。だからこそ、発言はキーワードで拾うか、もしくは簡潔にまとめます。

板書上達への道その3　「道具化・マーク化せよ!」

　日々の授業の中で、よく使う言葉があります。そこでおすすめなのが、道具化やマーク化です。

　道具化は、PCで打った「めあて」や「まとめ」などの文字を印刷し、ラミネート加工をして使えるようにします。裏に磁石をつけておけばいつでも使えます。

　マーク化には次のようなものがあります。

（？）学習問題、課題　　　（☆）予想や自分の考え
（□）予想や自分の考えの理由　（友）友達に共感した考え
（！）気がついたこと、発見　　（→）自分が調べること
（○）自分が調べたこと

　言葉をマーク化することで、板書のスピードも上がります。また、こうしたマーク表を子供たちのノートに貼らせて見える化しておくと便利です。

板書上達への道その4　「素早く書かせよ！」

　子供たちに板書内容をノートに書かせると時間がかかります。決めた時間に間に合わないこともあると思います。

　なぜ、間に合わないのでしょうか。それは、子どもに「書く」というスイッチを入れられていないからなのです。では、どうすればいいのでしょうか？　スイッチを入れる一例を紹介します。

教師「今から板書していきます。先生が板書をするところを3回読みます。その間に書ききりましょう。では、鉛筆を持ちます」

　ここでのポイントは、「3回読むまでに書く」ということです。時間内に書ききった子供たちには、教師と一緒に板書を音読させ、暇な時間をつくらないのも一つのテクニックです。

板書上達への道その5　「黒板を開放せよ！」

　黒板は、誰のものでしょうか？　そうですね。みんなのものです。教師ばかりが書いていてはつまらないです。時には黒板を開放し、子供たちにゆだねてみましょう。

　また、意見を画用紙やホワイトボードにまとめさせて黒板に貼り、板書代わりに使うのもいいです。授業の奥行きが広がっていきます。　　（水谷）

ノート指導

ノート指導はすべての基本

　学校では、毎時間ノートを使います。教師の板書や教科書を写す、自分の考えを書く、計算や漢字の練習をするなど、授業のあらゆるシーンで登場してきます。ただ、初任の先生の中で、ノート指導を気に留めて指導している人は非常に少ないと感じています。

　ノート指導は、子供たちにとって学習の基本です。しっかり指導すれば、それだけ大きな力となります。この項では、子どもが書いた算数のノートを例にしながら示していきたいと思います。

基本の型

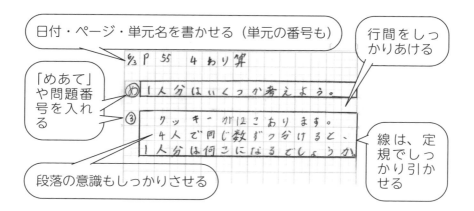

日付・ページ・単元名を書かせる（単元の番号も）

行間をしっかりあける

「めあて」や問題番号を入れる

線は、定規でしっかり引かせる

段落の意識もしっかりさせる

窮屈ノートとゆったりノートのちがい

　子供は、ノートをのびのび使うのがもったいないと考えます。きちんと教えなければぎっしりと「詰めて書く」子が出てきます。

　下のノートの画像を見てください。

　とても窮屈ですね。縦横をそろえる意識も皆無です。こういうノートの使い方は、もちろんよくありません。学習中に間違えやすくなりますし、他の計算と混同してしまうケースが出てきます。そして、見返したときも非常に見にくいです。

　ではどうするか。ゆったりノートを目指しましょう。

> ゆったりノートの作り方
> 1：タイトルと問題の間は1行あける。
> 2：番号の縦横をそろえる。
> 3：問題と問題の間を1マスあける。
> 4：改行する際には、1行あけて問題を書く。

これぐらいゆとりがあると、くり上がりのメモもしっかり書け、見直しも書き直しもとてもしやすいです。

　また、番号を入れて目印にするとスッキリ整ってきます。まず初めに、番号をしっかり書かせることを目指しましょう。それだけできれいに整います。

空きスペースの意識をもたせよう

　子供たちがゆったりノートで書けるようになってきたら必ずやるのが、「続けて書く」です。

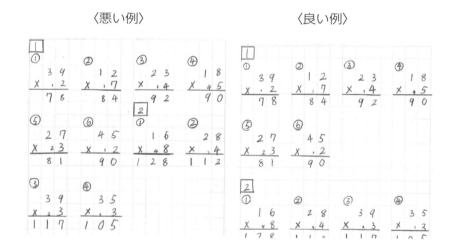

　〈悪い例〉のノートは、大問を続けて書いています。これでは、ゆったりノートを身につけた意味が半減してしまいます。

　だからこそ、〈良い例〉のノートのように大問と大問の間は必ず行替えをさせ、余ったところは、「空きスペース」「空き地」などと教えて、書かないように指導しましょう。

　続けて書く理由を子供に聞くと、十中八九「もったいないから」と答えます。子供の「もったいない」はノート指導において手ごわい存在で

す。その意識から脱却させるために、良い例と悪い例を見せてしっかり
とした価値づけをさせましょう。

身についてきたら少しずつレベルアップをしよう

　書くことに子どもが慣れてきたら、以下の視点で取り組んでみましょ
う。

①素早く書かせる。
②書く目的に応じて書かせる。
③フリーハンドや箇条書きを使わせる。

　いくらきれいに書いていても、時間がかかりすぎては意味がありませ
ん。まずは、素早く書かせる訓練をしていきましょう。「先生が３回読
むまでに書ききりましょう」などと指示を出し、書くスイッチをしっか
り入れます。また、記号をうまく使っていくのも素早く書かせる手立て
の１つです。
　次に、書く目的をしっかり考えさせながら取り組ませることです。た
とえば、円や三角形の作図のときは、じっくりゆっくりでいいのです。
また、メモを取るときは、省略して書いたりキーワードを使ったりする
必要があります。テストでは丁寧に素早く書かなければなりません。状
況や目的に応じて書き方が変わっていくことをノート指導を通じて押さ
えます。
　さらに、高学年になればフリーハンドで書かせることも可能になりま
す。フリーハンドできれいに書ければ最高の時間短縮になります。ま
た、だらだらと文章を書かせるよりも箇条書きで書かせる指導も大切に
なってきます。　　　　　　　　　　　　　　　　　　　　　　（水谷）

参考：親野智可等『小学生の学力は「ノート」で伸びる！』（すばる舎、2009年）

指名の方法

▲ ▲ ▲ ▲ ▲ ▲ ▲ ▲ ▲ ▲ ▲ ▲ ▲ ▲ ▲

列指名が切り札！　もれなく全員に力をつけよう

　小学校の現場で最も使われているのが、子供たちに手を挙げさせて指名する「挙手指名」です。

　しかし、「挙手指名」では、教師が特定の子供のみを指名しがちです。よく挙手をする5、6名の子を中心に授業を進めることが多いのです。それではただ聞くだけの傍観者を生む可能性があります。

　そこで、なるべく漏れなく全員を指名できる方法を使います。その筆頭が、列ごとに順に指名していく**「列指名」**です。これを早期に採り入れ、基礎的な指導技術として身につけるようにしたいものです。

〈列指名の方法例〉
①列ごとに順に指名する。
②横から順に指名する。
　※折り返しはせずに、指名の方向をそろえるとよい。

〈列指名のメリット〉
　①漏れがない。
　②「次は自分だ」という構えができる。
　③前の子の様子を近くで見て次の子がまねできる。
　④指名する子によって与える負荷を変えることができる。

たとえば、物語を順に読む活動で最初の子には３行読ませ、次の子には５行読ませるなど、子供の状況に応じて活動量や内容を容易に変えることができます。

テンポよく、次々とあてる列指名のこつ

　列指名では、挙手指名のように「誰をあてようかな」と考える必要がありません。その分、テンポよく次々とあてることに集中できます。順番にあてられることが早期にクラスの常識になってしまえば、全員に発言等の機会が与えられます。

　挙手指名ばかりを続けると、手を挙げること自体に抵抗感が生まれ、「先生、あてないで」という子が必ず出てきます。教師が挙手指名によって発言への抵抗感を生み出していることになりかねないのです。

　ただし、場面緘黙など配慮が必要な子がいる場合には、その子に何ができるかを十分に見極めてあてることが重要です。

　たとえば、大きな声が無理でもかすかに聞こえるくらいの声で発することができるなら、その子の傍に寄って教師がまず聞きとることが必要でしょう。

一斉またはグループ単位で指名する

　全員、グループごとなど大人数で同じ活動をする場合です。とくに音読の指導ではこれが有効です。半分が音読をし、もう半分が聴くなど、役割を交代すると「読む」「聴く」の学習ができます。

〈グループの例〉
・教室の右半分と左半分　　　・列ごと
・座席の右側と左側　　　　　・生活班ごと

（秦）

教師の立ち位置

▲ ▲ ▲ ▲ ▲ ▲ ▲ ▲ ▲ ▲ ▲ ▲ ▲ ▲ ▲ ▲

スッキリしているから動ける

　教師の立ち位置は通常、下図のⒶになります。

　教具等を置くために教師の前に教卓を置くこともあるでしょう。

　ただし、教師や子供が動きやすいように、また黒板が見やすいように、図の点線で囲んだ空間を空けておくことが重要です。オルガンや給食台があるとバリケードのようになり、教師と子供たちの間の障壁になりかねません。教卓を端に移動すれば教師の姿が見やすくなり、身振り手振りも合わせた表現が可能になります。また、基本的には丸つけなどをする場合を除いて、椅子に座って授業することは避けます。

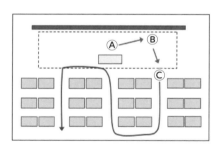

　黒板を使う場合はⒷのように黒板付近に立ちますが、子供たちにはなるべく背中を見せないようにします。板書しながらも常に身体を斜めにして子供たちの様子に注意を向けることが大切です。

黒板の前を離れ、アクティブに授業しよう

　初任者の多くが、無意識のうちに黒板の前だけを自分の居場所だと勘

違いします。自分の立ち位置によって見えるものに変化があることに気づく必要があります。

　まず、自分の立ち位置から見える範囲を確認します。4月の初めに黒板前の中央に立ち、教室全体を眺めてみてください。どこが見えやすく、どこが見えにくいのかを確認するのです。自分の身体の正面ほど見えやすく、視野角のうち90度を超えた部分は見えにくいことがわかるはずです。自分の足下に近い部分や、遠く離れた部分も見えにくいと思います。身体の後方は、気配を感じますが、基本見えません。

　つまり、一点に留まっていたのでは**死角が生まれてしまう**わけです。これを防ぐには、©のように**自分が教室内を動いて**、死角ができにくいようにする必要があります。

> ①**首を左右に動かす。**
> ②**机間巡視する。**
> ③**時には子供の真横に腰を屈めてしゃがみ込む。**

　いつも黒板辺りから見ていたのでは、授業に飽きて、子供が机の下で手いたずらをしていても見えないのです。本当に、授業に集中できているかを見るためにも、授業に緊張感を生み出すためにも、教師は動く必要があります。

近づくフォローで子供が元気になる

　教師が子供の傍に行かないと見えないこともあります。たとえば、ノートです。子供がノートに自分の意見を書く場面を思い浮かべてください。一人一人が書く意見は異なるはずです。それを丹念に見て回り、普段あまり発言しない子が素晴らしい意見を書いていたら、「いいね。これ、素晴らしい」と**子供の近くでささやく**のです。

　フォローしたその子は、自信を持って発表するかもしれません。じっとしていてはその子の努力が見えません。**「動く」**は鉄則です。　　（秦）

机間指導

▲ ▲ ▲ ▲ ▲ ▲ ▲ ▲ ▲ ▲ ▲ ▲ ▲ ▲ ▲

机間指導中級への道その1　目的を知るべし

机間指導には大きく分けて3つの目的があります。

①確認　②探索　③支援・助言

①は、教師が出した発問や指示が子供たちにしっかりと伝わっているかを「確認」することが目的です。伝わっていない子供が多い場合はすぐに指示の修正をしなくてはなりません。

②は、困っている子、つまずいている子がいないかを「探索」するのが目的です。課題への取り組みはもちろんのこと、表情やしぐさ、鉛筆の進むペースなどに気を配りながら見取っていきましょう。

③は、子どものつまずきを捉えて「支援」したり、個や班に対して課題解決の方向性や道筋を「助言」したりするのが目的となります。子供の声や見取ったことを生かしながら行っていきましょう。

最初は①確認、②探索、③支援・助言のどれか1つから始めていくことをおすすめします。

机間指導中級への道その2　座席表を用意すべし

机間指導するにあたって、事前に用意しておくといいのが、座席表で

す。これに書き込みながら机間指導すると、後で見返した時によい資料となります。子供のつぶやきをメモしたり、自分だけがわかる記号を使ったりしながら活用していくといいと思います。

　ちなみに、座席表作りには、パワーポイントがおすすめです。

机間指導中級への道その3　ワナを探すべし

　子供たちがつまずきそうな課題や内容を、私は「ワナ」と呼んでいます。授業で使う教科書や資料等をじっくり眺めて、どこが「ワナ」になるか事前につかんでおきましょう。これをしておくと机間指導時に「助言や支援」がしやすくなります。

机間指導中級への道その4　見方、回り方を身につけよ

　初任の先生の机間指導は、見方が定まっておらず、視点がばらばらになる傾向があります。また、逆からノートを見るスキルもまだないでしょう。慣れていないうちは、図1のように教室の後ろからスタートしてノートの文字が正しく見えるようにするとよいです。

　ただ、図1のやり方は、歩く距離が長く、時間のロスが出てしまいます。慣れてきたら、図2のように回りましょう。効率よくできるはずです。

　席がぴったりくっついている場合は、図3のように後ろからスタートして横に回っていくのもいいでしょう。　　　　　（水谷）

図1

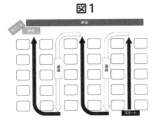

図2

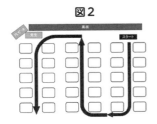

図3

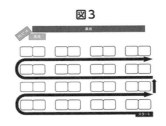

発問の技法

発問は、教科書にアリ！

　最近の教科書には発問や指示があらかじめ示されています。

　たとえば、算数では「今日の問題」（東京書籍）、「新しく考える問題」（教育出版）のように、教科書の問題をほぼ一日一問ずつ解くことが授業の中心になっています。

　その問題は文末を見ると発問や指示であることがわかります。「〜ですか」「〜になりますか」「〜でしょうか」「〜しましょう」といった具合です。

　国語にいたっては単元の初めに「領域」「単元名」「教材名」「単元番号」、そして「単元全体の問いの文」を**わざわざ１ページに大きく表示**してあるものもあります。

　「読む」「登場人物のへんかに気をつけて読み、感想を書こう」「まいごのかぎ」「３」「…でしょうか。」（本文は略）（光村図書３年上「わかば」P.65）のように…です。

　そして第４章STEP ２に示すように、学習の進め方が教科書に記されています。単なる例ではなく、**システムとして手順が明確**になっています。

　教師が下手な発問や指示を連発するよりも、**教科書にある「問い」（発問）や「指示」を自力で読み取れるように導く**ほうがはるかに重要なのです。

「どこ」「何」を明確にしよう

　自力で読み取れるまでは、教師の発問が必要になることもあります。

> ①どこ (Where)
> ②何 (What)

　この２つで主に問います。教科書の「どこ」に「何」が書かれている
かを問うてしっかり確認させることが大切です。
　①②について、実際の使用例を次に示します。

〈①の発問例〉

- 学習のめあては、どこに書いてありますか。
- ○○のグラフは（教科書の）何ページにありますか。
- この表の中で百の位を表しているのはどこですか。
- 筆者の考えをまとめてあるのは何段落（どこ）ですか。

〈②の発問例〉

- 練習問題は全部で何問ありますか。
- 教科書の登場人物Aは何をしていますか。
- この三角形で一番長い辺の長さは何cmですか。
- （教科書の挿し絵を見せて）クッキーは何個ありますか。

どんな (How) 発問には、使い方のこつがある

　どんな（How）は、広く状況や気持ちを問うときによく使われます。
　たとえば算数の文章題では、初めに問題の状況を「どんなお話ですか」
と問うと効果的です。子供たちは問題や絵図等から、頭の中に状況をス
トーリーとして想像できるからです。
　国語の「どんな（How）発問」については、次の本を参考にしてく
ださい。　　　　　　　　　　　　　　　　　　　　　　　　　　（秦）

参考：野中信行・小島康親編『日々のクラスが豊かになる「味噌汁・ご飯」授業
　　　国語科編』（明治図書出版、2014年）

ペア・グループ活動の仕方

▲ ▲ ▲ ▲ ▲ ▲ ▲ ▲ ▲ ▲ ▲ ▲ ▲ ▲ ▲

短時間で始められるペア活動

　ペア活動の目的は、自他を内外の両面からみることで、互いを理解し合うことです。「どこを見ているのか」「どんな気持ちなのか」「どんな思いや願いがあるのか」そのようなことをまず隣同士で確認・交流するのです。移動せずに短時間でできるのもこの活動のメリットです。

　次の活動例を参考に、短時間の活動を小刻みにペアでさせます。

①確認し合う活動　　②聴き合う活動　　③伝え合う活動

〈確認し合う活動の例〉

- 教科書の教師が指定した箇所を開いているかを見る。
- 小テスト後に用紙を交換して丸つけする。

〈聴き合う活動の例〉

- 一人が音読し、もう一人が聴く。交代する。
- 一人が楽器を演奏し、もう一人が聴く。交代する。

〈伝え合う活動の例〉

- 絵、図、式等を示しながら、一人が自分の考えや手順等を説明し、もう一人がその説明を受け、疑問点等を返す。交代する。
- 「Aに賛成」など自分の立場を明確にして一人が意見を述べ、理由も話す。もう一人がそれについて質問する。交代する。

ペア・グループ活動の始め方

　ペア活動は数秒から数十秒でできるものがほとんどです。

　具体的な教師の声かけ例を示します。

①数秒でできるペア活動

　・自分の判断を伝え合う。

教師「今の意見に『賛成』『反対』を明確にして隣の人に伝えます。時間は５秒。はい、どうぞ」

　・互いに確認し合う。

教師「今日のめあてが教科書のどこにあるか見つけた人は隣の人に伝えて確認し合います。確認が終わったペアは立ちます」

②数十秒でできるペア活動

　・好きなもの、好きなことを伝える。

教師「教科書に出てきたものを参考にして、自分の好きな遊びを隣の友だちに伝えます。言える人はそのわけも言います。今から30秒、始め」

　・交代音読する。

教師「第３場面を全員で何度も音読しました。この中からお話が大きく動いたところを数行選んで隣の人に向かって音読します。30秒で選び、その後、一人30秒で音読します。用意、始め」

　・感想を伝える。

教師「修学旅行が終わりました。最も印象に残った場所を１つ選んでノートに書きます。書けた人は、理由も書きます。時間は30秒です。始め」

　　…「今度は、隣の人に書いたものを伝えます。時間は30秒です。用意、始め」

　短時間のペア活動を日常的に入れることで、子供たちは聞くこと、話すことに慣れていきます。ペアから４人グループへと人数を増やしていけば、無理なく活動の輪を拡げることが可能になります。教科書の活動例を大いに活用したいものです。

（秦）

STEP 8

「1人1台端末」の
使い方

▲▲▲▲▲▲▲▲▲▲▲▲▲▲▲

基本のルールを子供に理解させよう

　Chromebookに代表される1人1台端末ですが、使わせる前にルールをしっかり確認しましょう。「昨年、君たち教わっているよね。大丈夫だよね」などと指導を怠ると、後々大変なことになります。子供たちの中でよくトラブルになるのは、次のケースです。

> ①無断で撮影　②無断で操作　③ID・パスワードを他人に教える

　まずは、①ですが、これは本当に多いです。最近の子供たちはスマートフォンを身近でよく使っています。しかし反面、肖像権についての理解が本当に薄いです。カメラで人を撮影したり、友達の持ち物などを撮影したりするときには、勝手に撮らず、必ず許可を得るように事前に指導しましょう。

　次によく聞く話が、②です。これも大きな問題になります。端末の無断操作は、いけないことだとしっかり伝えましょう。よくあるのは、作業中に蓋を開けっぱなしで離席し、友達に操作されるケースです。離席する際は、トラブル防止のため、必ず端末の蓋をしめるように指導しましょう。

　最後に③ですが、ここもしっかり指導をしましょう。低学年では、ぴんとこない子供たちもいます。そんなときは、身近なものにたとえて、

IDは住所、パスワードは鍵と教えましょう。これだけで子供たちの意識は変わり、安易に人に教えなくなります。

シーン別注意したいこと一覧

　ここで取り上げたものは、あくまでも一例です。自治体、学校によっては、ルールも変わってきますし、もっと細かいものもあるでしょう。しっかり確認して指導に生かしましょう。

朝
○朝のしたくをした後、自分の番号の端末を保管庫から取り出させる。 ○使用しないときは、机の横にかけてある手さげの中に入れさせる。
授業中
○教師の指示で端末を取り出させ、机の上に教科書やノートと一緒に置く。 ※ここでワンポイント 　教師や友達が話をしているときは、蓋を閉じさせ、聞くことに集中させましょう。また、教室を移動して端末を使うときには、破損防止のために、両手でしっかりと持って歩くか、手さげに入れて運ぶように指示しましょう。
休み時間
○休み時間に「使用したい」と言ってくる子供には「何のために」「どのように」使うのか説明させる。認める範囲は、「学習・係・委員会・クラブ」に限定する。 ※ここでワンポイント 　ここをきちんとしないと学級の秩序が乱れる原因となります。
帰り
○端末を保管庫の自分の番号のところに戻させる。充電ケーブルをさすことを忘れないように教える。 ※ここでワンポイント 　帰りは本当に時間がありません。できれば、指示をしなくてもできるようにさせたいものです。だから、端末を確認させる当番を決め、子供たちの力を使いましょう。

（水谷）

最初に身につけるべき
体育の指導技術

まずはモノを用意しよう！

　教師は、「楽しく運動感覚・技能を身につけ高める授業」を大切にして、日々の体育の授業をつくっていかなくてはなりません。

> 体育倉庫へ行こう。

　これは、体育の授業で初任の先生と「合言葉」にしているものです。まずは、体育倉庫に行って、どのようなモノがあるかを確認します。跳び箱・マット・ボール等の数や種類で学習の展開の仕方が決まってきます。

　また、ゲームやボール運動では、コートの数や広さが授業の大きなポイントになります。さらに、時には、自作のモノ（教具）を作成するとよいでしょう。段ボールやペットボトルなど身近なモノを使って、ミニ

ハードルや的を作成すると、子供たちの能力向上に役立てることができます。

①授業のマネジメント　〜45分の時間感覚〜

　体育では、準備や後片付けも学習活動です。

　その仕方を丁寧に指導するとともに、時間内に後片付けができるように「45分の時間感覚」を持つことが大切です。それを可能にするためには集合の仕方が大きなポイントになります。

　子供たちが進んで学習できるように、授業の始めにどこに集合するかを決めておいたり、授業中に集合するときは「並ぶより固める」ようにしたりします。

準備・後片付けはクラス全員で！

最後は教師が見届ける

②１時間の授業の流れ　〜「めあて」と「まとめ」のある授業〜

　毎時間の授業の始めには、この時間に何をするのかをはっきりさせるために、必ず「めあての確認」をします。体育館でも運動場でも、ホワイトボードを活用しましょう。

これを習慣化していくと、徐々に「めあて」を子供たちと一緒につくれるようになります。また、授業の終わりには、次のような「まとめ」（振り返り）をします。

1　「本時のめあて」の振り返りをする。

　「○○○を楽しもう」という「めあて」であれば、第一声は、「楽しかったですか」と聞きます。

2　今日の「ハッスル賞」（頑張っていた友達を紹介）を発表する。

3　今日の「アドバイス賞」（動きや技を見てアドバイスをしてくれた友達を紹介）を発表する。

　この時、紹介された友達に「ありがとう」と声をかけます。温かい空気が生まれるはずです。教師は、友達を紹介した子供もほめます。「友達のことをよく見ていた」ことを価値付けるのです。

　最後に教師が板書を振り返り、次時につながる話をして終わります。

板書をする教師

友達の話を聞く子供たち

本時のめあての確認

（授業の始めと終わりに集合した時の板書）

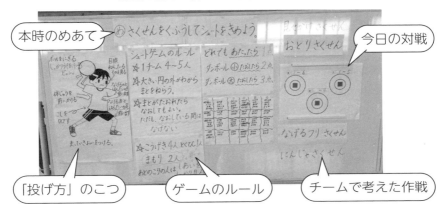

本時のめあて　　「投げ方」のこつ　　ゲームのルール　　チームで考えた作戦　　今日の対戦

1　「本時のめあて」（作戦の工夫）
2　ゲームのルール（変遷している）
3　「みんなで見つけた投げ方のこつ」
4　今日のゲーム（コート・対戦相手）
5　「作戦紹介」（クラスでオープンにする）

---

③見学児童への配慮・けが人への対応

　見学児童については、配慮が必要です。その子供の健康状態などによって、チームでの話し合いや友達へのアドバイスなどの学習に参加させることがあります。活動できないときは、見学場所に配慮します。長時間日光に照らされたり、寒風にあたったりすることがないようにしましょう。

　授業中に子供がけがをしたときは、いったん授業を中断して話し合いなどの指示を出し、教師が応急処置をして保健室まで付き添うのが原則です。けがの程度によっては、すぐに家庭に連絡をします。首から上のけがはとくに注意が必要です。体育の授業は、常に子供の安全を念頭においておきましょう。

（田村）

話し方の技法

▲ ▲ ▲ ▲ ▲ ▲ ▲ ▲ ▲ ▲ ▲ ▲ ▲ ▲ ▲ ▲ ▲

「くどい！ しつこい!」が子供は嫌い…長い話をしない

　小学校では、長い話をしていると子供たちは話の大部分を聞き流すようになることがあります。机の下でこっそり本を読む、手いたずらをするといったことにつながることさえあります。

> ①発問、指示は一時に一事にする。
> ②説明は長くても30秒以内にする。

　このようなことが絶対に必要です。かつて私がしたことのある長時間にわたる子供への説教は、ほとんど徒労に終わりました。

> ③教科書などに書かれていることを読み取らせる。

　子供たちに自らさせることが重要なのです。なぜなら、**テストを受けるときは、問題を自力で読み、自力で理解しなければなりません。** そのための素地として、短い教師の指示等を聞き、読む、書く力をつけることが大切なのです。

大事なことは1回で聞けるように

　4月初めに次のような指導をしておくと効果的です。

（教室がざわついている）

教師「起立！」

（子供たちは起立してもまだざわついている）

教師「いいですね。素早く立てました」

（少しでも良いところをほめる）

教師「着席」「今度は静かに立ちましょう。起立！」

（子供たちは立つが少しざわついている）

教師「おしいな。あと一歩。着席」

　　「特別に、もう一度だけ言います。静かに立ちます」「起立！」

（子供たち、**静かに**に気づき、だまって立つ）

教師「すばらしい。短い**静かに**をきちんと聞けましたね」

　　「今日は２回言いました。だから90点。明日同じことを言われて
　　一度でできたら100点です。でも、その上もありますよ。先生が言
　　わなくても静かに立てれば、100点プラスです」

　このような言葉かけを通して、少しの言葉の違いを一度で聞き取れる
ようにします。

切り札は「一人研究授業」

　子供に伝わる話し方が日常的にできているかどうかを判断するには
「一人研究授業」をすることが早道です。それは自分の授業を録音し、
聞き直し、ふり返る取り組みです。最初は週に一度、１時間でもよいの
で、とにかくチャレンジすることです。

　①子供の発言をいちいちおうむ返し（復唱）してしまう。

　②ポイントを絞って話せていない。

　たとえば、こういった問題点も早期に脱することができます。毎月１
回定期的に「一人研究授業」を続けた初任者は次のように語っていまし
た。「自分が思っていたよりも子供をほめていないことに気づきました」
「話し方のくせを『早く自分で直さないと』と思います」と。　　（秦）

関係づくりの基本技術

▲ ▲ ▲ ▲ ▲ ▲ ▲ ▲ ▲ ▲ ▲ ▲

① 「教師と子供の関係」 〜肯定的なフィードバックをする〜

　子供の活動の場を巡回しながら、教師は、子供にタイミングよく声かけをします。その声かけの基本は、肯定的なフィードバックです。

　「すごい！ 逆さになってジャンケンをしてる！」「やった！ できたじゃない！ すごい！」などタイミングよく短くほめます。

　また、子供がうまくできていないときは、その子供の声に耳を傾けてやります。そして、子供がやる気が出るように励ましてやることが大切です。

② 「子供同士の関係」 〜相互学習ができるようにする〜

　授業中の子供同士の関係も大切です。お互いに教え合ったり、動きや技を見せ合ったりする相互学習を取り入れていきましょう。

　教師の言葉より、子供の言葉のほうがよく伝わることもあるのです。自分ができたときだけでなく、友達ができたときに喜び合えるような授業にしていきましょう。

　また、ゲームやボール運動では、チームで話し合って作戦を立てることも大切な学習です。相手チームに勝てるように「攻め方」や「守り方」を話し合ってゲームに臨めるようにしましょう。

③「活動の指示より内容の指示！」 〜教師の話を短く！〜

　授業中に教師の話は、「活動の指示」が多くなりがちです。「今日のゲームはAチームとBチームがします。コートは校舎側のコートでします」「審判は、Cチームがしてね」「試合時間は、今日は、10分です」これらは、「活動の指示」です。どうしても話が長くなります。それよりは、教師は、「内容の指示」を多くすべきです。

　これは初任の先生の3年生・「ならびっこベースボール」の授業です。

- バットは右手、左手を
  重ねて握ります。
- 水平にバットを振ります。
- ボールから目を離しません。
- あまり力を入れません。

　このような「内容の指示」が「活動の指示」より多くなるようにしましょう。端的な指示は、「45分の時間感覚」につながります。「活動の指示」が多くなると時間にロスができ、子供に混乱が生じます。事前に対戦表や勝敗表を教室に掲示しておくとよいでしょう。　　　　（田村）

第3章

最初の1時間目の
授業を
どうつくるか？

国語は音読中心で

▲ ▲ ▲ ▲ ▲ ▲ ▲ ▲ ▲ ▲ ▲ ▲ ▲ ▲

国語授業のこつ

　国語の授業は、教科の中で最も授業時数が多いです。だからこそ、最初の１時間目の国語の授業で子供たちの気持ちをグッとつかめたら、他の授業もやりやすくなると思います。

　では、どうしたら気持ちをグッとつかめる授業ができるでしょうか。それは、**音読中心で授業展開をする**ことです。音読は、全員参加がしやすく、脳が活性化できます。では、「わかば」（光村図書３年上）を例に、１時間の流れを見ていきましょう。

①子供をひきつける

　では１時間の流れを見ていきましょう。

教師「国語の教科書の表紙をめくりましょう。めくった人は手を挙げましょう」

（子供たち、手を挙げる）

- 手の挙げ方がいい子をピックアップしてほめます。
  「手がピーンとなっていいですね」
  「手の挙げ方に、気持ちがこもっていますね」など
- よいモデルを示すことで全体に姿勢を意識させます。

教師「なんという詩が書かれていますか？」

子供「『わかば』です」

教師「『わかば』とは、なんでしょうか？　だれか教えてください」

> ・ここで発言した子をほめます。
> 　「最初に発言する勇気がみごと」「想像できてグッド」など
> ・黒板に発言内容を板書しながら、発言することのよさを認識させ、
> 　教師が子供たちを盛り上げていきます。

②教科書を読む

教師「どんな詩かじっくり読んでいきましょう。まずは私が読むので
　　じっくり聞きましょう」

> ・低学年の場合は、目の発達がまだまだなので、文字を指で追うよ
> 　うに指示するといいでしょう。

教師「しっかり聞いていましたか？　では、姿勢を正して教科書を両手
　　で持ちます。先生に続いてしっかり読みましょう」

> ・読み終えたら、「背筋がピンとなっていて立派」「姿勢名人」など
> 　と全体に声をかけることを忘れないように。
> ・声がそろわなかったり、小さかったりしたらやり直しをさせ、改
> 　善できたところをほめるようにしましょう。

教師「全体、立ちましょう」

（みんな立つ）

教師「次は、一人読みです。自分のペースで読んでいいです。先ほどの姿
　　勢を忘れずに行います。読み終えたら、座ってくり返し読みましょう」

> - 全体を立たせた状態で始めることで、誰が終わって誰が終わっていないかを把握しやすくなります。
> - 読み終わった子を座らせて、くり返し読ませるのは早く終わった子を飽きさせないためと読むのが遅い子に配慮するためです。

教師「今度は二人読みです。席の隣の人とペアを組んで読みましょう。読み方は、一人読みのときと同じです。では、立ちましょう」

> - 苦手な子に配慮するため、「ゆっくりな人に合わせよう」と伝えるとよいです。
> - 時間があれば、二人読みを三人、列と増やしていきましょう。

教師「次は、隣の人と交代で読んでいきます。初めに読む人を決めましょう。決まったペアは手を挙げてください」
（全体の手が挙がる）
教師「立ちましょう。読み終えても座って続けていてください。では、用意はじめ」

> - 時間があれば、四人、列などで交代読みをさせましょう。

教師「次は、『タケノコ読み』をします。この読み方は、読みたい文を決めて、その行が来たら立ち上がって読みます。質問ありますか？」
（何らかの反応があればそれに答える）
教師「では、読みたい文を１文決めましょう。決まった人は手を挙げてください」
（全体の手が挙がる）
教師「題名だけは全員で読みます。せーの！」

- 初めはバラバラで難しいですが、次第にそろってきます。
- 読む人がいなくて空白になる場合もあります。そういったときのために、教師が通読するというのも一つの手です。

③ノートを書く

教師「ノートを開きましょう」

- 日付と「わかばを読んで」と板書し写させます。

教師「今日、『わかば』の詩を読んでどんな気持ちになりましたか？
自分の思いを自由に書いてみましょう」

- 書けない子は、一言や一行でいいことを伝えます。
- オープンクエスチョンなので、音読をした気持ち、「わかば」の詩に対しての気持ちなどあえて絞らないことで、多様な考えを引き出すのがねらいです。
- 時間があれば、列指名等で、書いたことを読ませましょう。

教師「今日はたくさん音読しましたね。こんなに頑張る君たちと一緒に、１年間勉強できるのが楽しみです」

　音読を通して楽しい雰囲気に包まれ、１時間が終えられたら最高のスタートになります。ぜひ取り組んでみてください。　　　　　　（水谷）

社会は資料を活用しよう

▲ ▲ ▲ ▲ ▲ ▲ ▲ ▲ ▲ ▲ ▲ ▲ ▲ ▲ ▲

社会は、資料勝負！

　社会科は、多様な考えの中から価値の判断や、意思を決定していく教科です。学習の進め方としては、集団として一つの正解を求めるのではなく、事実を見つめ、一人一人がよりよい考えを追究していく過程が重要です。よりよい考えが出てくるには、「資料」が勝負になります。また、「資料」と子供たちがどう出会うかというのも大事な視点です。

身近なものを使ってから教科書へ（25分）

　教育出版の「小学社会5」の表紙には農業・工業・水産業、裏表紙には林業・海洋の写真が使われています。これを初めに見せるのもよいですが、身近なものを「資料」として使いましょう。今回は「五円硬貨」がベストです。これを使った展開例は次の通りです。

教師「『五円硬貨』の画像を皆さんに配りました。じっくり見て何があるかをノートに書いてみましょう。時間は5分間です」

（5分後）

教師「では、何がありましたか？　教えてください」

子供「稲穂があります」

子供「裏の年号が入っているところに芽があります」

子供「真ん中にギザギザがあります。これ何だろう？　歯車かな？」

子供「下半分に線が入っています。波っぽいな」

教師「皆さん、さすがです。実は、これらの物には意味が隠されています。それを考えましょう。時間は５分です」

> 稲穂は「農業」、歯車は「工業」、波は「水産業」、芽は「林業」を表しています。子供は「水産業」を「漁業」と答えがちです。学習指導要領では「水産業」の明記なので、注意しましょう。

教師「皆さん、五円硬貨の意味は理解できましたね。では、教科書を出してください。教科書の表紙、裏表紙の写真を見て気がついたことはありますか？」

子供「農業・工業・水産業・林業の写真です」

教師「その通りです。これらは、５年生の社会科の勉強の中心になります。では、目次で確認してみましょう」

前年度の振り返りや社会科の見方や考え方を扱う（10分）

目次で学習内容の確認をした後は、４年生と５年生の社会科の内容の違いや、社会科で大切にさせたい見方・考え方を扱いましょう。とくに「時期や変化」「比べる」「関連づける」などといった視点はとても大事です。しっかり押さえましょう。

社会の学習の進め方を扱う（10分）

社会科の授業を進めるにあたっては、「学習問題」というものがキーになってきます。本来であれば、授業の導入で資料を提示し「違和感やズレ」から子供たちと学習問題をつくるとよいですが、慣れていないと難しいです。初めのうちは、教科書にある「この時間の問い（これが学習問題です）」を、使って進めるといいでしょう。　　　　　（水谷）

算数は表紙、目次、小単元を使ってみよう

▲ ▲ ▲ ▲ ▲ ▲ ▲ ▲ ▲ ▲ ▲ ▲ ▲

嫌いな教科の代表

　算数は教科の中でも嫌いだという子供が多い教科です。反面、好きになると俄然「勉強好き」になる教科でもあります。今回は、算数嫌いの「マインド」を変える算数授業の最初の１時間目のつくり方を東京書籍の２年生の教科書をもとに紹介したいと思います。

表紙で遊べ！（10分）

　初任者の先生がやりがちなのは、すぐに「大単元」に入ってしまうことです。これでは、教科書のよさを捨ててしまうことになります。
　私だったら、次のように授業を展開します。
教師「皆さんは、何年生になりましたか？」
子供「２年生です」
教師「実は、この算数の教科書の表紙には、皆さんの学年の数字である『２』がたくさん隠れています。探してみてください」

　ヨットの帆に２が書いてあったり、２のカタチをしたアヒルが２羽いたりするなど、見つけるポイントがたくさんあります。こういった「発見」から算数が楽しくなっていきます。また、子供たちの回答から、ある程度思考の癖を見ることもできます。

目次で遊べ！（5分）

　表紙で遊んだら、目次に進みましょう。目次も立派な教材です。

教師「表紙をめくりましょう。何が書かれていますか？」

子供「目次です」

教師「ここには、どんな勉強をするのかが書かれています。いくつ学習があありますか？」

子供「10個あります」

教師「では、先生が数字を言ったら、その学習の名前を言いましょう」

> 　目次を使う目的は、学習の見通しを持たせるためです。音読を使って展開しましょう。慣れてきたら、教師がランダムで数字を言い指示を聞いているかを試すのもいいです。

小単元を活用せよ！（25分）

　次に、小単元「学びのとびら」を活用し、算数の授業のルーティーンづくりを進めましょう。初任の先生にとっては、大単元に入る前のよい練習になります。続いて次ページの「マイノート」の項目を参考にしてみてください。下手なことはせず、順番どおり、教科書どおりでいいのです。

教科書の「つくり」を理解させよう（5分）

　教科書には、数々の記号が使われています。それらの意味を理解させることにより、教科書を「活用」する素地を養うことができます。

　また、教科書は「自主学習」ができるように補充の問題が付録としてついています。そういったことを紹介することにより、子供たちのやる気や自主性を引き出すことができます。　　　　　　　　　　　　　（水谷）

理科は「観察」を ベースにする

4月の理科は「観察」がメイン

新年度の理科の始まりは、東京書籍の教科書を例にすると、3年生は「春のしぜんにとび出そう」、4年生「あたたかくなると」、5年生「天気の変化」、6年生「地球と私たちのくらし」と自然事象を扱うものが最初に来ています。また、3年生、4年生、5年生は観察がメインとなってきます。とくに、3年生・4年生では、正しい観察方法をしっかり押さえて高学年へと進ませましょう。だからこそ、1年間使える観察カード用のフォーマットを用意することをおすすめします。

観察カードの例

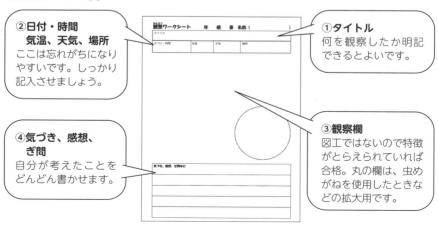

②日付・時間　気温、天気、場所
ここは忘れがちになりやすいです。しっかり記入させましょう。

④気づき、感想、ぎ問
自分が考えたことをどんどん書かせます。

①タイトル
何を観察したか明記できるとよいです。

③観察欄
図工ではないので特徴がとらえられていれば合格。丸の欄は、虫めがねを使用したときなどの拡大用です。

観察の視点をあたえよう

　子供たちは、観察の視点が、定まっていません。たとえば、花壇の花を観察しているのに、周辺のブロックを丁寧に書いていて、肝心の花はさっぱりといったケースもよく見られます。だからこそ、**学習前には何を観察するのか、どこを観察するのか細かい視点を与えることが大事**なのです。

　私が指導上、気をつけている点は以下のとおりです。4年生の子供のワークシートを例に解説します。

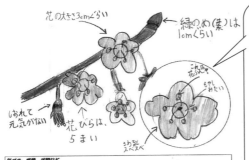

花の大きさ3cmくらい

緑のめ（葉）は1cmくらい

しおれて元気がない

花びらは、5まい

①目的の物を、とにかく大きく表す。
②細かいところに目を向ける。（長さ、大きさ、色、形、数、匂い等）
※ミニ定規は観察時は、マストアイテムです！
③触り心地を書かせる。（スベスベ、ザラザラ等）
④身近な何かにたとえる。（とうもろこしみたい、もやしみたい等）

気づき、感想、ぎ問など

学校のさくらの木に、たくさんの花がさいていました。あまいいいにおいがしました。
よく見るとかれている花もありました。
花びらの横には、緑のめがありました。予想だとこれは葉だと思います。花ももうすぐかれてしまう。

　大事なのは、視覚・聴覚・嗅覚・触覚をフルに働かせて、観察させることです。また、ワークシートにあるように気がついたことなどを矢印を引っ張ってメモさせたり、感想などを簡単な文でまとめさせたりできるといいでしょう。

　時には、子供たちが取り組んだ観察カードの中からよい例を取り上げて見せましょう。学習の深みが増していきます。　　　　　　　（水谷）

体育の授業開きは楽しい遊びで

▲ ▲ ▲ ▲ ▲ ▲ ▲ ▲ ▲ ▲ ▲ ▲ ▲ ▲ ▲

体育の授業開きでは「楽しい遊び」をしよう

　体育の「授業開き」で、子供たちは「体育でどんな授業をするのかな」と関心意欲を持っています。最初の授業で「体育のイメージ」がつくられるのです。全員が楽しく運動できて、友達との関わりも学習できる授業をするとよいでしょう。ここでは、2年生の「器械・器具を使っての運動遊び」から「固定施設を使った運動遊び」と「鉄棒を使った運動遊び」を組み合わせた初任の先生の授業を紹介します。

①「固定施設を使った運動遊び」 ～きまりを守り、安全に楽しく！～

　まず、どの学校にもある固定施設を使って、楽しく運動を行います。そこで、きまりを守って運動することや安全に気をつけることを指導していきます。固定施設の中から3つを選びます。

> 1「登り棒」→2「総合遊具」→3「うんてい」
> 　クラスを3グループに分けて、この順番でローテーションします。教師の合図で次の施設に移動します。
> 　教師は、活動の場を巡回して、声かけ（肯定的フィードバック）をするようにします。また、一緒に運動したり、できない子供の手助けをしたりするようにします。

授業開きでは次のことに気をつけましょう。

1 　集合場所（体育倉庫の前など）や並び方（授業の始め、終わりの整列）を決める。
2 　どの子も楽しめる活動ルールで「できる喜び」を味わわせる。
3 　友達に見てもらうなど友達と協力する相互学習（友達に見てもらったり友達と教え合ったりする学習）の場面を設定する。
4 　ルールや指示を守って、安全に気をつけて活動する場面を設定する。

「登り棒」を楽しもう！

「総合遊具」 順番を守って、安全に！

「うんてい」最後まで行けるかな！

　ここでも、「仲良く楽しもう」「順番を守って行おう」などの「めあて」を持って取り組ませます。固定施設を使った遊びを学習しておくと「生活化」ができ、休憩時間に進んで運動するようになります。

②鉄棒を使った運動遊び　〜友達の技を見てあげる！（相互学習）〜

　「鉄棒を使った運動遊び」では、まず、「つばめ」「ふとんほし」「こうもり」「だんごむし」など「みんなができそうな技」からやっていきます。ここで教師は、子供の動きを確認して、「鉄棒遊びにおける子供の実態」を知ることができます。

　また相互学習をすることによって、

・友達の動きを見て、「技のこつ」がわかったよ。

・友達に動きを見てもらって、アドバイスをもらって技ができるようになったよ。

・友達にお手伝い（補助）をしてもらって、技ができるようになったよ。

・技ができた時に友達が一緒に喜んでくれてとてもうれしかったよ。

などの場面が生まれます。

「つばめ」
全体のスタートラインをそろえる

「こうもり」
逆さで「文字かき」「ジャンケン」も！

教師は、活動の場を巡回して子供たちに声かけ（肯定的フィードバック）をします。ここで子供たちの動きをチェックします。

　また、全員一斉にはやらせません。必ずペアをつくって、自分のペアの友達の動きを見るように指示を出します。そして、アドバイスをしてあげるようにするとよいでしょう。

　それが、「相互学習」につながります。体育の時間では、このような学習をしていくことをこの１時間目の授業で子供たちに話します。

　初任の先生は「すごい」「できたね」「うまいね」などの声かけができます。さらに、「何がすごいのか」という声かけができたらいいですね。

・目線がいいね、地面をしっかり見てるね。
・よく膝を曲げていて、うまいね。
・何回も練習したからできたんだね。すごいよ（技ができたタイミングで言えたら、素晴らしい）。

　集合するときの並び方や授業の始めには、「めあて」の確認、終わりには、「振り返り」を行うことを指導します。

　「振り返り」では、「めあて」の振り返りと**「ハッスル賞」**（頑張っていた友達）**「アドバイス賞」**（アドバイスをくれた友達）を紹介します。

（田村）

教師の巡回指導

ペアをつくって見合う！

授業参観の授業の
つくりかた　国語

▲▲▲▲▲▲▲▲▲▲▲▲▲▲▲

授業参観を力にしていく

　教師の中で「授業参観が大好き」という人を私は見たことがありません。教師を20年近く務めた私でも、「憂鬱」「不安」「緊張」などと負のワードが頭に浮かびます。

　一方、子供たちもそうです。「活躍できるかな」「お母さんに見られると緊張するな」と考えています。保護者はというと、「クラスになじめているかな」「学習についていっているかな」などと不安に思っています。だからこそ、授業参観は「盛り上がる」「楽しい」授業の計画を組み立てていきましょう。そこで、ここでは、そんな授業参観をお教えします。

その1　教師が前に出ない授業「音読発表会」

　教師が前に出ない授業参観、それは、「子供たちが発表する形式」になります。年度最初の授業参観が4月末の学校では、音読発表会が可能です。たとえば、光村図書では、必ず、新学年初めの学習は「物語文」です。そしてこの物語文は「音読単元」になっているものが多いです。

　2年生なら「ふきのとう」、3年生なら「きつつきの商売」と「音読発表会」を開催するにはうってつけの教材です。子供が元気に音読する姿を見れば、保護者も安心でしょう。

その2　一人二役の授業

　このやり方は、年度当初の授業参観には難しいかもしれませんが、教師が一人で二役行います。たとえば、「ことば博士」「はてな博士」などの専門家を登場させて、授業を展開していく方法です。

　右の画像は、光村図書3年の「へんとつくり」の学習で使用したものです。

　授業の導入はこんな感じで行いました。

教師「今日は『へんとつくり』の学習を行っていきます。今回の授業では、なんとスペシャルな人からメッセージをいただいていますので、まずは、それを見てみましょう」

動画（中身は、博士の自己紹介と本日の問題で、子供たちへの挑戦状形式にして、モチベーションを高めるものになっている。動画の長さは1分30秒ほど）

教師「すごい人からメッセージがきましたね。博士に負けないように頑張っていきましょうね」

　子供たちからは、「あれ先生じゃない？」「いやちがうでしょ」などと声が上がります。課題に対しても興味津々になります。そして、保護者に対してもインパクト大。よいアピールとなります。

　また、課題の後に動画で答えや大切な言葉を説明させてもいいです。授業参観の授業は、気が張り詰めっぱなしになります。動画でワンクッションおけるので、初任の先生にとってもホッとできる数分になると思います。

　変装グッズは、皆さんがよく知っている有名なディスカウントストアに行けば容易に調達できます。ぜひトライしてみてください。

その3　詩の授業

　詩は、とても深い教材です。音読もでき、作者の思いを想像でき、好きなところを子供たち同士で共有でき、とよさがいっぱい。これを、授業参観に使わない手はないです。

　授業の導入は、次のような形でいつも行っています。

教師「この詩を見てください。何か
　　気がついたことはありますか？」
子供「題名がありません」
教師「そうなのです。今回は、皆さ
　　んにこの詩の題名を想像してもら
　　います。どんな題名か、予想して
　　みましょう」

| 昔のぼくの手のひら |
| もみじぐらいの大きさだった |
| 何もつかむことの出来ない |
| 小さい小さい手のひらだった |
| 今は大きくなった |
| 友達よりも大きくなった |
| お母さんよりも大きくなった |
| 夢をつかむために大きくなった |

６年生Kさん作　タイトル「手のひら」
※タイトルはかくした状態で提示

子供「『大きくなった』だと思います」
教師「なぜだと思いますか？」
子供「『大きくなった』という言葉がくり返し使われています」
子供「私は『手のひら』だと思います。この言葉も、くり返し出てきます」
教師「いいですね。いい予想です」

　世の中には、児童向けの詩がたくさんあります。子供が興味の引きそうな詩を複数持ってきて題名あてをさせると楽しい導入になります。また、自治体によっては、文詩集をつくっている地域もあります。同じ学年の子供たちの詩を文詩集から抜粋し、教材として使うのもよいです。

　この後の展開としては、用意した詩を音読させましょう。追い読み、一人読み、二人読み、たけのこ読みをじっくりさせます。

　そして、音読で心と身体が温まったら、用意した詩の中から、好きな詩をノートに視写させます。好きなフレーズに線を引かせ感想を書き込むといった展開になります。感想を発表させるのもよし。子供たちで交流させて共感を呼び起こさせるのもよし。きっと楽しい授業参観になるでしょう。

その4　作文の授業

　「授業参観で作文は、ハードルが高い」という話をよく耳にします。実は、題材がしっかりしていれば、怖くありません。私がよく使っている題材は、「なりきり作文」です。なりきり作文は、野口芳宏先生が『作文で鍛える（上）』（明治図書出版、1988年）の中で次のように書いています。

---

①自分の好きな品物の名前を、五つノートに書きなさい。

②その中で、「いちばん好きな品物」に丸をつけなさい。

③その品物が、「自分」を見ているつもりで、作文に書きなさい。次のようなテーマが考えられます。

　　不平、不満、喜び、悲しみ、怒り、希望、不安、お願い…

④テーマを一つにしぼって書きなさい。例えば「不満」とか「お願い」とかいうように。

⑤そして、読む人にそのことが、ちゃんと伝わるように「理由」や「できごと」を、きちんと書きなさい。　　　　（後略）

　右は実際、子供が書いた作文です。作文を発表するだけでなく、できた作品の題名を隠してクイズのようにすると楽しくなります。他にも、付箋に読んだ感想を書かせて交換したり、発表させたりできるといい授業参観になっていくでしょう。

　また、活動中、書けない子も出てくると思います。そういった子には、「形」「色」「大きさ」などの視点を入れて書かせるとよい支援となります。

　　　　　　　　　　　　　　　　　　　（水谷）

お人形のステラ―

　わたしは、ずっと前からあなたのそばにいるよ。

　あなたが悲しい時は、だきついてわたしの体になみだをこぼして。

　あなたが楽しいときは、わたしの長い耳をやさしくなでてくれる。

　あなたといっしょにいると毎日幸せな気分。

　これからも、ずっといっしょにいてね。

授業参観の授業の
つくりかた　体育

▲ ▲ ▲ ▲ ▲ ▲ ▲ ▲ ▲ ▲ ▲ ▲ ▲ ▲ ▲ ▲

授業参観で見せたい子供の姿

　授業参観は、子供たちの誰もが、友達と仲良く楽しく運動している姿を見せることのできる、またとない機会です。保護者は、我が子が楽しくみんなと一緒に学んでいる姿を見て安心するのです。

〈事例〉

「なわ跳び」　〜短なわ跳びの工夫　競争を取り入れる〜

　「短なわ跳び」は個人種目ですが、競争を取り入れることによって、子供たちは、チーム意識を持って取り組むことができます。

　まずは、体育の授業参観の１時間の流れを紹介します。

```
「なわ跳び」１時間の流れ
1　準備運動
2　「めあての確認」
3　いろいろな跳び方の練習
4　①「早回しリレー」
　　②「サバイバルリレー」
5　リズムなわ跳び
　　（アルプス一万尺）
6　長なわ跳び
　　（八の字跳び）
7　「振り返り」
```

「めあて」の確認は必ずする！
今日のめあて　→「リズムに合わせて跳ぼう！」

　4の学習活動までに３分間、いろいろな跳び方の練習をする。
「早回しリレー」と「サバイバルリレー」の種目は教師が決めるので、できるだけ多くの種目の練習をします。ここでウォーミングアップをしっかりします。

4　①「早回しリレー」　②「サバイバルリレー」

「早回しリレー」を紹介します。チーム（列）対抗の競走です。

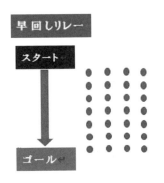

ルール
①４列になり列対抗で競走します。
②教師が言った種目を10回跳んだら座ります。次の順番の児童は立って待ちます。
③途中ひっかかっても続けて合計10回跳びます。
④最後列の児童が終わって、早く座ったら勝ちです。
※みんなができる両足跳び、かけ足跳び等バリエーションを考えて種目を決めます。（３〜４種目）
１位のチーム（列）を賞賛します。

「サバイバルリレー」は、同じチームメイトの応援があり、とても盛り上がります。保護者からの声援も上がります。

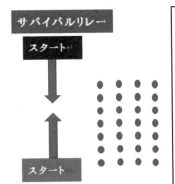

最後まで跳んでいたチーム（列）が優勝！　子供たちや保護者の声援が飛び交います。

ルール
①４列になり列対抗で競走します。
　スタートが前と後ろの同時スタート！
②ある種目を跳んで、ひっかかったら座ります。次の順番の児童は立って待ちます。
③最後の一人が残って跳んでいたチームが優勝となります。
※「あや跳び」・「交差跳び」・「二重跳び」等は、３回跳んだら、それぞれの跳び方をします。
　（例：両足跳び３回の後二重跳びに入る）
※「あや跳び」・「交差跳び」・「二重跳び」がおすすめです。クラスの実態に応じた種目にします。

5　リズムなわ跳び（アルプス一万尺）

　「アルプス一万尺」は、16呼間での区切りがわかりやすい曲です。16呼間跳んだら、そのまま続けて、違う跳び方で16呼間跳びます。そして次の出番まで休みます。

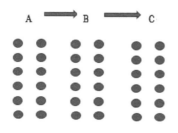

> 1セット　16呼間……1つの跳び方　16呼間……別の跳び方

　A→B→Cの順番に跳んでいきます。A列（2列）が跳んでいる時は、B列は、立って待っています。C列は座って待ちます。B列が跳んでいる時に、C列は立って待ちます。これをくり返します。

> 順序　A-B-C→A-B-C→A-B-C

> リズムなわ跳びの種目（例）
> 1巡目（グーパー跳び→グーチョキ跳び）
> 2巡目（かけ足跳び→あや跳び）
> 3巡目（両足跳び→二重跳び）など……

　子供たちにとっては自分で6種目の「ちがう跳び方」を考えるのが楽しいようです。めあての「リズムに合わせて跳ぶ」から16呼間×2の32呼間では、なわにかからずに跳べるように練習させます。この授業後には「リズムなわ跳びがダンスのような感じでできて楽しかった」という「振り返り」がありました。

6　長なわ跳び（8の字跳び）

　長なわ跳び（8の字跳び）では、3チーム対抗戦をします。2分間で何回跳べるか競争します。2回の合計で順位を決めます。チームで声を出し合って、楽しく頑張っている姿を保護者に見せることができます。教師も声援を送ります。すぐに入れない子の支援に行くこともあります。

なわが床に着いたタイミングで入る

片足踏み切り！　片足着地！

「体育の授業参観」　　〜教師としての留意点〜

　保護者は、体育の授業参観で、子供だけでなく初任の先生の様子もよく見ています。保護者とよい関係をつくっていきましょう。

　以下は初任の先生が意識しておくべき3点です。

1　何よりも「笑顔」！
　　授業の始まりから笑顔でいましょう。明るい先生が子供たちは大好きです。保護者の第一印象が大切です。
2　「指示・説明」を明確に！　はりのある声で！
　　集合・あいさつ・ルールの説明などの声の大きさや言い方（指示は「〜しなさい」「してください」は×）に気をつけます。
3　「一人ひとりの子供へのかかわり」を多く！
　　全体だけでなく、活動の場を巡回して、一人ひとりの子供への賞賛・励ましなどを多くするようにしましょう。

（田村）

第 4 章

どう授業づくり
をしていくか？
―心構え

指導者としての「心構え」をもつ

▲ ▲ ▲ ▲ ▲ ▲ ▲ ▲ ▲ ▲ ▲ ▲ ▲ ▲ ▲ ▲ ▲ ▲

「安心だあ」と子供が思える、頼れる教師になる

　子供たちは毎日教師の姿を見ながら授業を受けます。その姿は子供たちの記憶に残ります。授業中の先生の笑顔やふるまい、そして言葉からも**無意識のうちに影響を受けます**。子供たちが最も影響を受ける大人の一人が教師であるといえます。

　このようなことを踏まえると、学びを進める子供たちに対して、教師は安心して頼れる存在でありたいものです。具体的には次のようなことが大切です。

> ①やわらかな表情で接することができる。
> ②子供に寄り添いながら話を聴くことができる。
> ③ゆったりと構え、優しい言葉かけができる。

　総じて、子供たちを**支える行動がとれる**ということです。

「学びの基礎体力」を高めよう

　これからの指導者として最も大切なこと。それは「学びの基礎体力」を高めることです。「学びの基礎体力」を高めるとは、教師自身が何かを学び続けることができる持続力・持久力をつけることです。そのためには、次のような気持ちを持って指導にあたることが大切です。

①すべきことを整理・厳選する。
②限られた時間を大切にする。
③子供の成長を信じ、くり返し取り組もうとする。

　①〜③について具体的な例を挙げます。漢字練習です。

　最も成果を上げた初任者は、新出漢字を教える際、練習する漢字を毎日2〜3字ずつに限定しました。

　毎日そのペースで学ぶことがわかったので、授業前にあらかじめ今日練習する漢字を見ておく子が少しずつ増えました。教える数を限定したので、漢字の読みや書き順等も丁寧に教えることができました。書く練習も数回ずつとし、集中して覚えるようにしたので、子供たちも意欲的に取り組みました。

　練習が終わった子供から教師のところに持って来させ、すぐに丸つけをしました。誤りには×をつけ、手本を見て自分で間違った箇所に気づかせるようにしました。直し終えたら×をしたところに◎をつけるようにします。慣れてくると、丸つけを含めて10分程度で終わるようになりました。ほぼ毎日、同じように指導し続けたので6月初めには予定の新出漢字をすべて指導し終えることができました。

　復習のための宿題は、学校ですでに習った漢字数個を出したので、子供たちは自信を持って取り組めました。6月以降は習った漢字のうち、間違えやすい漢字を担任が覚えておき、くり返し復習させました。毎日の習慣にすることで「漢字が苦手」と言っていた子供も減り、落ち着いて取り組むことがあたり前になったのです。　　　　　　　　　　　（秦）

「授業の型」をつくる

授業の腕を最速で上げる「指示→確認→フォロー」

　学級での一斉指導は**集団を対象に**行われるというあたり前のことを初任者はまずしっかりと認識することが大切です。

　そこでは、子供たちがすべきことを**全員が同時に始め、実行できることが重要**になります。それを最速で実現する型があります。

「指示→確認→フォロー」の3点セット

　一つ具体例を挙げます。教科書の指定されたページを開く場面です。

　教師「教科書の10ページを開きなさい」（子供たち開く）

　ここまでが、子供たちに何かをさせるときに教師が最初に最も多く発する**「指示」**です。指示を出すこつはずばり、これです。

一時に出す指示は一つに絞ること

　指示の出しっぱなしはいけません。出したら必ず**「確認」**をします。

　教師「開けた人は、立ちなさい」

これは、「確認」のための指示です。この例の場合の「確認」とは全員がきちんと立ったことを、自分の目で見届けることです。

　全員が立ったことを見届けて、次のような「フォロー」の言葉を子供たちに届けるのです。

　教師「素晴らしい。全員が一度で開けました」

　この一連の「指示」→「確認」→「フォロー」を必ずセットで実行することが初任者には大きな課題となります。

確認・フォローはバリューセット…即マスターしよう

　1時間の授業は「指示→確認→フォロー」の積み重ねで完成します。ほぼ、このパターン（型）のくり返しなのです。

　まず、本時の目標を達成するために、子供たちに何をさせるのかを明確にします。実は、この何をさせるかは教科書にかなり書いてあります。それを読み取り、指示を連発しなくて済むように最小限に絞り、整理すればよいのです。

　初任者は、指示後の「確認」と「フォロー」が甘くなりがちです。「教科書を開きなさい」と指示したら素早く全員が教科書を開くまで、「確認」を行い、**見定める**必要があるのです。「確認」時は、たとえば、開けていない人数を確かめるなら一人も漏らさないよう素早く正確に数えます。

　さらに、初任者は「フォロー」を忘れがちです。フォローすることで子供の行動が強化され、習慣化につながることを忘れないようにします。

　この授業の型を毎時間忘れないで着実に実行できた初任者は、大きな成果を上げていきます。子供たちが自信を持ってさまざまなことに取り組めるように必ずなります。　　　　　　　　　　　　　　　　　　　　（秦）

「授業の進め方」は
どうするか？

▲▲▲▲▲▲▲▲▲▲▲▲▲▲▲▲▲

宿題にまわさず、学校でやりきる

　最も大切なことは、

　1時間の授業でやるべきことを学校でやりきる

ということです。

　たとえば、算数の授業で、最後にさせる予定だった練習問題が終わらなかったので、宿題にしてしまうことがあります。このような**「後は宿題でよろしく…」を避ける**ということです。

　そうではなくて、なぜ練習問題をする時間が足りなくなってしまったのかと自分の授業の進め方を振り返ることが大切なのです。

　この場合は、明らかに教師が時間配分を見誤ったということです。前半の教師や友達と共に学ぶ時間を少なくして、後半の自力で練習問題を解く時間を十分確保すればよかったわけです。

たっぷり練習で子供たちを満足させる

　読む練習、書く練習、話す練習、計算練習。練習して何かができるようになると子供たちは「できた」「終わった」とつぶやきます。授業でまず子供たちが満足感を得るのはこの**「できた」という達成感**を得た時

です。この達成感を味わわせるためには、**自力でする練習時間をたっぷりとる**ことです。

　たとえば算数では次のように時間配分します。

---

①前時や既習事項の復習……5分

②問題を読み込む……3分

③教科書をヒントに全員で例題の解き方を学ぶ……12分

④解き方の確認（まとめ）……5分

⑤自力で練習問題を解く……15分

⑥答え合わせ＋補充問題を解く……5分

---

　①は復習の小テストです。すぐに用紙を配って**自力**で解かせます（3分）。隣同士でテスト用紙を交換させ、1分で丸つけさせ、1分で回収します。

　②は教科書の問題を読む時間です。ここに大きな落とし穴があります。多くの教師が今日扱う問題を1回しか読ませません。最も成果を上げた初任者は、全体で数回音読した後、さらに個別に10人くらいをテンポよく指名して音読させていました。自力で正確に問題を読み取らせるためです。

　③④は教科書のヒントを読みながら例題を通して教師と子供が一緒に解き方を学ぶ場面です。ここでも少しずつ自力で例題を解けるように練習するのがよいのです。⑤⑥は練習問題や補充問題を解く時間です。まとめで確認した解き方を使って、自力で練習問題等を解く場面です。

　最大のポイントは教師がくどくど説明しない。これに尽きます。教科書の説明やヒントを**自力で読み取り、自分で練習して解き方を身につけさせる**ことが重要なのです。

　なぜなら、単元のテストをする時は、自力で問題を読み、自力で問題を解けなければ100点にはいたらないからです。　　　　　　　（秦）

「教材研究」はどうするか?

教科書は強力なサポーター

なかなか確保できないのが、教材研究の時間ではないでしょうか。

①教科書を素早く読む方法を身につける。
②教科書をフル活用し、教科書どおりに授業する。

教材研究を毎日の授業準備と読み替えて、この2つから始めればよい
のです。現在、ベテランの先生方の時代とは違って児童用教科書は大き
く変わりました。たとえば、算数の教科書には、子供が自力で読んで問
題が解けるような**「仕掛け」**がほぼすべてのページにあります。ゼロか
ら考えさせるのではなく、知識を得ながら考えさせていくための道筋も
示されています。他教科の教科書も同様です。教科書は初任者にとって
最も強力なサポーターであるといえます。

だから、教師が教科書にしっかりと向き合い、それを使って授業準備
をすればよいのです。深い研究をしなくても進めていけます。

ぱらぱら授業準備法からスタートし、教科書を素早く読む

教科書を素早く読めるようになるには**スマートフォンのように常に携
帯すること**です。常に携帯し、教科書を見慣れたものにします。スマー

トフォンは、**見慣れて使い慣れたものだから、直感的に使えます**。同様に教科書も直感的に使えるようにしたいわけです。次の３つをヒントに教科書に親しみます。

①**教科書をぱらぱらとめくり「どこに何が書いてあるか」を見る。**
②**大きな文字をとくに丁寧に読む。**
③**図や写真、挿し絵、グラフ、表などを眺め、そして読む。**

①は、教科書の全体像をつかむのに有効です。全体像をまずつかみ、**教科書のシステム**を理解することが極めて重要です。

②は、教材番号、教材名、タイトルなどです。大きな文字には大きくしてある意味があります。それをつかみます。

③は、いわゆる画像データの類いです。画像は慣れると素早く直感的に読めるようになります。たとえば、道路標識のように、です。

くどいようですが、使うのは**児童用教科書**です。子供向けのものですから、教師が読めないはずはありません。慣れれば短時間で読めるようになります。実は、ここが、最大の盲点なのです。日常的には児童用教科書を使い、困った時に使い方マニュアルである教科書用指導書や赤刷りを見るようにしたほうが、はるかに素早く授業準備ができます。

まずは、教科書どおりに授業をしよう

教科書をフル活用するには、まず**教科書どおりに授業する**ことです。言い換えると教科書のシステムに即して授業することです。現在の児童用教科書には**「学習の進め方」**が最初に明示されています。ノートのとり方例が示されているものもあります。

単元全体を見通せるプロローグのページや学習の細かい手順まで明示しているものさえあります。教科書どおりに授業を進めるから子供たちは安心して学べるのです。教科書を見せない授業はNGです。教科書を**子供にも自力で読めるようにさせ**、成果を上げていきます。　　　（秦）

第 5 章

初任者の
成功授業の事例

子供たちに基礎学力を
身につけさせた「分割授業」

▲▲▲▲▲▲▲▲▲▲▲▲▲▲

子供たちに基礎学力が身についていない？

　初任の先生が授業でとても心配になることがあります。

　「私がやっている授業で子供たちに力（学力）がついているのだろうか？」と。そこでテストの結果が気になります。

　テストの丸つけをしながら、がっかりします。

　「うわあ～できていない！　私の授業がまずいんだ！」と。

　隣の学年主任の先生に、テストの結果を聞くと、「今回のテストはよくできたよ！」と言われて、さらに落ち込みます。

　どうでしょうか。実際に私も初任の時に経験したことですが、初任の先生のクラスではよくある出来事なのです。

　その授業では、押さえるべきキーポイントが曖昧で、その結果、子供たちに基礎学力が身につかないということがよくあるのです。

分割授業で基礎・基本を身につける！

　初任の先生がすぐに授業がうまくなることはありません。

　しかし、子供たちに基礎学力はきちんとつけなくてはならないわけです。そこで次のような提案をしました。

　「分割授業にすれば確実に基礎学力をつけられますよ！」

　分割授業とは、私がネーミングした言葉です（ユニット法とも呼ばれ

ています)。

　1時間の授業の中に、基礎・基本の内容を含み込ませていくことです。たとえば、国語、算数の「基礎・基本」は次のことです。

　国語……漢字、音読　　算数……計算、公式

　そこで分割授業は次のようになります。

国語の授業	算数の授業
①漢字タイム（5分） ②音読タイム（5分） ③本時（35分）	①前時の復習（5分） ②本時（35分） ③本時の復習タイム（5分）

　国語は、毎日、新出漢字を2、3字学習します。漢字スキルなどを使って学習すればいいです。

　音読もまた、毎日学習するところを音読します。①②ともにきちんと5分ずつ取ります。

　これを続けると、基礎・基本が身につきます。

　算数は、まず最初に前時の復習タイム（5分）にします。経験的に言えば、前時の学習について半分の子供たちがすっかり忘れています。算数は系統的な学習が必要になりますので、前時の学習の上に本時が積み重なっていきます。

　だから、どうしても前時の復習が必要です。授業の最初に前時の練習問題をやらせればいいのです。

　③の本時の復習タイムは、算数ドリルやスキルを使って練習する時間ですが、最初はなかなかこの時間が取れないのです。宿題にするのではなく、本時で済ませたいことです。

　このように分割した時間（5分）を取ることによって、基礎・基本の課題を徹底していくことが重要です。　　　　　　　　　　　　　　（野中）

フォローで子供たちに
やる気を出させた授業

▲ ▲ ▲ ▲ ▲ ▲ ▲ ▲ ▲ ▲ ▲ ▲ ▲ ▲ ▲ ▲ ▲ ▲

1秒の瞬時フォローが効く!

　フォローとは、授業中に教師が子供たちを言葉で「ほめる」「認める」ということです。

最大のポイントはフォローの言葉を瞬時に出す

ことです。初任の先生は、「ほめる」「認める」ことの大切さを頭では十分認識しています。それを行動化するところに課題があります。言葉の種類は少なくてもよいので実際に口に出せるかどうかが決め手です。

　なぜなら、子供たちにとって授業中のやる気につながる最高のごほうびは笑顔の先生による「ほめ言葉」「認める言葉」だからです。

　成功のこつは、たった一つ。

少ない言葉でもいいから、とにかくほめよ、認めよ

です。「いいぞ」「素晴らしい」最初はこの2つだけでもいいから、瞬時に言葉にして口に出すことです。何かを子供にさせたら、その都度フォローの言葉を口にすることを忘れないようにします。

フォロー「する」「しない」。あなたはどちらを選びますか?

つまずき例…先生のフォローなし

教師「それでは教科書5ページ、問題1を読みます」
　　問題1：たて3㎝、横6㎝の長方形があります。この長方形の面
　　積を求めましょう。
教師「最初は、全員で声をそろえて読みます。さん、はい」
　　（子供たち、全員で問題を音読する）
教師「はい、ではもう一度、田中くん読んで」
　　（田中、音読する）
教師「はい、もう一度、今度は鈴木さん読んで」

成功例…その都度フォローあり

教師「最初は、全員で声をそろえて読みます。さん、はい」
　　（子供たち、全員で問題を音読する）
教師「いいね。声がそろっていましたよ」
　　　「はい、ではもう一度、田中くん読んで」
　　（田中、音読する）
教師「またまたいいね。はっきりと聞こえました」
　　　「はい、もう一度、今度は鈴木さん」
　　（鈴木、音読する）
教師「素晴らしい。どんどんうまくなるね」
　　　「いいですね。全員が丁寧に問題を読んでいました。それでは、
　　次に面積を求める式をノートに書きましょう」

　成功例の初任者は、問題を全員音読させた後、10名くらいの子供に次々とテンポよく指名し音読させることができます。そして、その都度、フォローの言葉をかけています。先生が細かな説明をすることを省き、このように問題をくり返し読ませ、フォローしたほうがはるかに子供はやる気を出します。
　　　　　　　　　　　　　　　　　　　　　　　　　　　　　（秦）

子供たちを変えた音読授業

音読だけで子供たちが変わった！

　教科書をすらすら音読できる。このことが子供たちを大きく変えました。なぜか。その理由は主に次のようなことだと私は考えています。

> ①友達と共に読むことで一体感を感じるようになった。
> ②問題文などの文章を自力で読めるようになった。
> ③教師の適切なフォローにより達成感・満足感を得た。
> ④結果的にテストの点数が向上し、やる気につながった。

毎日15分以上！　とことん音読！

　指導例を紹介します。

□４月から音読に**とことん**力を入れました。

　①国語では**毎日15分以上は音読**させました。**他教科でもたっぷり。**

　②国語の物語教材や説明文教材の学習時には、その**単元のほぼすべての時間に「全文通読」**させました。

　　参考：山本正次『よみかた授業プラン集』（仮説社、1992年）

□家庭での音読は、補助的な手段としました。

　①授業中に子供たちが読み、練習（習熟）し、教師がフォロー（評価）

することを、基本としました。

②「授業でこそ音読力をつけるのだ」という心構えで指導します。

音読を何かと忙しい家庭に宿題として丸投げすることは避けます。宿題自体が音読カードによる結果報告のように形式的なものになりがちで、家庭の状況により音読力の個人差がますます開いてしまう可能性があるからです。

子供の音読を誰かが聞いてくれる環境はあたり前ではありません。核家族化が進み、共稼ぎや一人親の家庭が増え、大人が子供の音読に集中して耳を傾けることが難しい状況があります。それにもかかわらず、学校は従来どおりの「音読カード」を使って、音読をもっぱら宿題にしてしまうことが多いのではないかと思います。少なくともこのような現状があるところでは、学校で音読に力を入れ、練習を十分にさせる取り組みに切り換えるべきだと、私は考えています。学力を向上させる最大のポイントの一つはここにあると実践を通して見えてきました。

音読はこんなにも効果が上がる

音読に継続的に取り組むことでどのような成果が上がったのか一例を示します。次の表は、私が担当した初任者で２年生担任Ｋ先生のクラスの市販テスト国語・読みの結果です（２学期まで、各100点満点）。

教材名	ふきのとう	たんぽぽのちえ	スイミー	お手紙	馬のおもちゃの作り方	わたしはおねえさん	どうぶつ園のじゅうい
分類	物語	説明文	物語	物語	説明文	物語	説明文
領域	読む	読む	読む	読む	読む	読む	読む
平均点	95.0	87.9	95.3	96.9	94.0	96.7	98.0

子供たちは、毎時間全文通読をしたためか、クラスの半数以上が教材文を次第に全文暗唱するまでになりました。音読の宿題では、教科書を見なくても読めるので、保護者が驚いた家庭も多かったのです。

子供たちにとっては、自力で文章をすらすら読めるということが大きな自信につながりました。同じ文章をくり返し音読させ、学校で慣れさせることが重要だということを改めて強調しておきます。

　K先生は、**4月当初の授業からどの教科でも音読を大切にし、毎日地道にその指導を続けました**。その結果、子供をほめることが次第に上手になり、5月頃には数少ない言葉ではあっても、子供が何らかの活動をしたら必ずフォローの言葉をかけるようになりました。月に一度は授業を録音し、ふり返ることにも取り組みました。

音読方法の選び方

① 「連れ読み」から始める（聴覚優位の子への対応）

　K先生のクラスには聴覚優位の子がいたため、最初に必ず教師が読み、それと同じように読む**「連れ読み」を毎回**入れました。まず教師が読み方の手本を示し、それを復唱させたのです。

　「連れ読み」をした後には、**全文を一斉音読**させました。

②一人ひとりにも適切な負荷を与える

　全員で音読をした後、時間がある時は、**順に個別に指名して音読**をさせました。「まる読み」と称してたった一文しか読ませない例を多くの教室で見かけますが、**少なくとも数行は読ませる**等して、一人ひとりに適切な負荷を与えます。あまりにも一人で読む分量が少ないと、緊張感が得られず、読んだ後も子供が達成感を得られにくいからです。

③傍観者をつくらない

　基本的には**「全員が音読する」または「他の子の音読を聴く」のいずれかの活動を常にする状態**をつくります。具体的には、

　　○全員音読する

　　○列ごと、男女交互になど大人数で読む

　　○隣同士でペアになり交代で読む

等が取り組みやすいです。このようなバリエーションを使い分けるだけでも教室内に緊張感が生まれ、マンネリ化を防止できます。

それでも読めない子にはルビ付き教科書を与えよう

　教科書用指導書には「ルビ付き教科書」データが付いているものがあります。すらすら読めない子には、これを活用するとよいでしょう。

　初任者の3年生担任S先生のクラスには、フィリピンから来たRさんがいました。彼は、日本語はほとんど話せませんでした。そこでS先生は国語、算数の「ルビ付き教科書」を印刷、製本をして渡しました。

　ところが、シャイなRさんはみんなと同じ教科書を使いたがり、それを家に持ち帰ってしまいました。……が、それが幸いしたのでした。彼は家でこっそり「ルビ付き教科書」を使って音読できるように予習していたのです。ひらがなが何とか読めた彼は、国際教室の先生の支援を受けながら、次第にゆっくりとしたペースなら教科書を音読できるようになりました。

　高学年になるとRさんは、学校でルビ付き教科書を恥ずかしがらずに使えるようになりました。とくに、国語、社会ではそれが必要でした。しかし、算数はルビなし教科書を使えるまでになりました。5年生の時には、これまでを振り返り、次のような作文を書きました。

　「ぼくは、二年生の時に今の学校にフィリピンから転校してきました。お父さんの仕事の都合です。お父さんは、フィリピンの人ですが、日本語が話せます。でもぼくは日本語が全然話せませんでした。とてもはずかしくて、下ばかり向いていました。……（中略）……二年生でほとんど日本語を話せなかったぼくを、友だちや先生やいろんな人がはげましてくれました。ぼくにたずさわって下さった皆さんに、お礼を言いたいです。『本当にありがとうございました』」

　ルビ付きの教科書と周囲のフォローがRさんを大いに伸ばしました。

　ルビ付きの教科書は一つの手段です。たとえば、ひらがながすらすら読めない子については視覚機能を改善するビジョントレーニング等、別の方法が有効なことがあります。

（秦）

算数テストの成績を
ぐんと上げた方法

▲ ▲ ▲ ▲ ▲ ▲ ▲ ▲ ▲ ▲ ▲ ▲ ▲ ▲

教科書どおりで成績アップ⁉

　算数テストの成績を上げるには、**上げるための準備**を適切にする必要があります。初任者でも準備を適切にすれば、成績を上げることは可能です。**大きな成果を上げたクラス（年間を通して平均点90点以上をマークした）**では、次の3つを大切にしました。

> **①教科書のしくみを理解する。**
> **②教科書どおりに授業する。**
> **③テスト対策を準備段階からする。**

　①は教科書に示されています。「もくじ」や「学習ガイドのページ」に具体的に書かれているのです。「学習の手順」「記号やキャラクターの意味や役割」等を正確に読み取り、覚えておくことが重要です。そして、何よりも大切なことは、これらを手がかりにして、**児童用教科書を教師自らが読み込む**ということです。教科書用指導書には、初めから頼らずに、最後の確認用として用いるくらいにとどめます。

　そして、子供たちにも教科書のしくみを覚えさせる必要があります。「もくじ」や「学習ガイドのページ」をくり返し読ませ、できる限り覚えさせるようにします。

　②はとくに重要です。テストは学習指導要領や教科書の内容に対応し

たものになっていることが多いのです。ですから、教科書のしくみに従い、**教科書どおりに授業する**ことが効率よく学習するための早道なのです。教科書に出てくる、数字なども意味があって示されているものです。安易に数値を変えたりすることなく、吟味された教科書のコンテンツを使い倒すことが大切です。

算数テストで点数を上げるためには毎時間の最後にある**「練習問題」をくり返しさせること**が欠かせません。とくに初任者は「練習問題」についてもくどくどと説明したり解説したりしがちです。これが点数を上げられない大きな原因となります。いくら言葉で説明しても自転車には乗れるようにはなりません。同様に、「練習問題」を自力で解けるようになれば、テストの問題も自力で解ける可能性が高まります。

> **練習問題は自力で読み、練習させる。**

③は今まで見逃されがちでした。まずは、その単元で使うテストにあらかじめ教師がよく目を通しておくことです。単元終了時には主にそのテストを使って成績をつけるので、どんな問題が出題されるのか把握する必要があるわけです。そして、その問題を解く力がつく授業にしなければならないのです。

応用問題は練習させる

とくに、**ちょっとひねった問題、応用問題**は、授業中に**類題を示し、解き方を教え、練習させる**必要があります。練習時間を授業時間内に十分確保し、類題をプリント等で示せるように準備しておくのです。

学校で練習問題まで**必ず進み、学校で練習問題をくり返しできるまで解かせ慣れさせる**。これが成績をぐんとあげるこつです。平均点90点超えを実現したクラスでは、担任に次のような感想が多く寄せられました。

「毎日、学校に来ることが楽しくなりました」（児童）

「先生に、これからもずっと担任してほしい…」（保護者）　　　　（秦）

漢字テストの成績を ぐんと上げた方法

▲ ▲ ▲ ▲ ▲ ▲ ▲ ▲ ▲ ▲ ▲ ▲ ▲ ▲ ▲ ▲ ▲

ズバリ！　ワーキングメモリを効果的に使おう

漢字の読みは音読で先行させる。

　漢字学習はその漢字を含む熟語を読めることが極めて重要です。そのため、まず**教科書の音読を先行**させる、**教材にある「新出や読みかえ」の漢字をどんどん読ませます**。最初にふりがなをふって読ませ、読めるようになったら消すという方法がよいでしょう。

覚える漢字は毎日2〜3字にする。

　最近の脳科学の知見から、人間がワーキングメモリを使って一時に覚えられることは意外と少なく4程度だということがわかっています。

　毎日のように覚える漢字も、一度に一週間分を覚えさせるのではなく、毎日2〜3字ずつコンスタントに覚えさせるようにします。

指書き→なぞり書き→写し書き

のようなシンプルなステップが効果的です。

　　　参考：YouTube「『あかねこ漢字スキル』ユースウエア」（光村教育図書株式会社）

> **想い出す活動をくり返す。**

　成績向上最大のポイントはこれです。せっかく覚えた漢字を忘れないように想い出す活動を短時間でできるまでくり返すことです。

　たとえば、次のようにします。

> ①10問テスト実施前にテストと同じ問題をランダムに並べ替えたものを印刷し渡す。※漢字スキル等に練習問題があればそれを使用
> ②（覚えたか想い出しながら）自力でテストする。
> 　その際、想い出せなかったものには素早く「×」をつける。
> ③その後、自力で丸つけし、「×」だったものを再度覚える。
> ④「×」がなくなるまで①～③をくり返す。

　さらに、50問テスト等の問題数が多いもので好成績を上げるには、**誤答が多かった問題を教師が忘れずに記録しておき**、定期的に宿題等にしていつでも想い出せるようにさせることが重要です。

　毎日の宿題に３問くらいずつを出し、間隔をあけて定期的に問題数が多い問題に取り組ませると効果があります。

部首を覚えさせる

　これも極めて有効です。市販されている部首かるたを使い、４人グループでかるたとりをします。２年生からでも部首を覚えると子供たちは漢字に興味を持ち、楽しく覚える原動力となります。

　部首を覚えると漢字への興味が増します。かるたとりは書写の時間の10分程度で継続して取り組ませます。　　　　　　　　　　　　　　（秦）

子供たちを
体育大好きにさせた授業

▲ ▲ ▲ ▲ ▲ ▲ ▲ ▲ ▲ ▲ ▲ ▲ ▲ ▲

「楽しい体育授業」とは、3つのことがマッチすること!

　教師は、子供にとって「楽しい体育授業」をやっていきたいと願っています。「楽しい」とは、どういうことかを考えてみましょう。

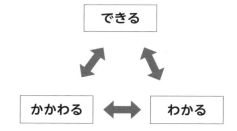

　この3つがマッチすることで、子供たちは体育授業が楽しくなります。技や動きが「できる」だけでなく、「そうだったんだ」「こうすればいいんだな」というように「わかる」ことも大切です。

　そして、運動や友達との「かかわり」からさらに楽しくなるのです。

　子供が体育の授業が大好きになるには、この3つがマッチした授業なのです。

① 「主運動につながる準備運動」

　「跳び箱・固定施設を使った運動遊び」の授業を紹介します。これは、体育館で初任の先生が行った授業です。跳び箱を使っての「跳び乗り」や「跳び下り」そして「またぎ乗り」や「またぎ下り」などの楽しさを意図的に取り入れています。また、体育館にある「肋木」・「簡易平均台」・「ポートボール台」を使って活動の場を工夫しています。

　これらの運動を**「主運動」**とすると、授業のはじめに**「主運動につながる準備運動」**を取り入れました。

　教師が見せる**「動物が描かれた絵」**を見て子供は、その動物になって動きます。**【変化のあるくり返し】をテンポよく行います。**

　この「変化のあるくり返し」によって、子供たちはカードに示された動物になって移動することがくり返されるので、〈見通し〉を持って楽しく活動できます。そして運動量も高まります。

　教師は「動物の絵」を提示して「ハイッ、次は、これ」と言うだけで、子供たちは、すぐに活動することができます。

アザラシさんになろう！

うまさんになろう！　走るんだよ！

　続いて、「跳び箱・固定施設」に行く前に「馬跳び」を取り入れました。馬跳びをする時に大切なのは、「安定した馬」を作ることです。また、「馬跳び」は、「開脚跳び」の運動感覚につながる大切な運動教材です。

安定した馬の作り方
1　頭を入れる！
2　ひざを伸ばす！
3　手はひざに！
4　ひじを伸ばす！

②　「跳び箱・固定施設を使った運動遊び」～チームで、ローテーション

　チームごとに時間を決めてローテーションで活動していくので設定したすべての場で活動することができます。

　また、すべての場で「基礎感覚」を身につけるようにしています。

肋木　どこまで登れるかな
（高さ感覚）

ポートボール台から跳び下り、
着地するよ！　すぐに「ケン・パー跳び」
（バランス感覚）

３つある跳び箱に登っていきます。最後の一番高い跳び箱から「思いっきり、自分の好きなポーズ」で跳び下ります。ダイナミックなポーズをした子供を賞賛します。
（跳感覚）

一番長い跳び箱です。またいで乗って
そのまま進み、またいで下ります。
（腕支持感覚）

簡易平均台　足を揃えて、
左右に跳びます。「腰が頭より上！」
すぐに「ケン・パー跳び」をします。
（逆さ感覚）

主運動につながる準備運動		主運動

「主運動につながる準備運動」では、みんながができるように「動物になって！」（動きづくり）をします。テンポよく【変化のあるくり返し】でやっていきます。子供たちはとても楽しく取り組むことができます。大きな動きをしている子供を賞賛します。この準備運動を経てから「主運動」に移ります。

「主運動」をやっていくポイントは「チーム」で教え合って、「活動の場」を移っていくようにすることです。「よい動きをしている友達のまねをしよう！」と指示を出します。ここで、子供同士の関わり合いが生まれます。　　　　　　　　　　　　　　　　　　　　　　　　　　　（田村）

授業の最後に「振り返り」をします。よい動きをしていた友達を紹介したり、アドバイスをもらった友達を紹介したりします。このようにすることで「関わり」を意識できるようにしましょう。

初任者の
失敗授業の事例と
その回復法

時間までに終わらない
間延び授業・その回復法

▲ ▲ ▲ ▲ ▲ ▲ ▲ ▲ ▲ ▲ ▲ ▲ ▲ ▲

とにかく1時間で終わらせる！

　初任の先生の授業の最初のパターンは決まっています。必ずこうなります。

授業が1時間で終わらない！

　小学校の授業時間は、１時間が45分。この時間で本時のねらいが終わらないのです。だから、だいたい最後のほうを宿題にしてしまいます。

　なぜそうなるかというと、見通しがないからです。教えたいことを全部伝えてしまいたいと思っているからです。

　とにかく、ずっとおしゃべりをしてしまいます（この「おしゃべり授業」の問題は第６章STEP４で扱います）。自分がしゃべっているという自覚もありません。その話をずっと聞いている子供たちは、たまったものではありません。そのうちに聞かなくなります。

授業の見通しを持つ

　見通しを持つというのは、どういうことでしょうか。
　具体的に書きます。

①授業の最初（学習課題）と最後（まとめ）をきちんと持っておく。

②終わりの５分前になったなら、まとめに入る。

③もう少し教えたいという気持ちを振り捨てる。

　最初は、充実した授業はできません。でも、時間どおり終わることが、ここでは最重要な課題です。子供たちは、それで充分満足します。

> **1時間で、とにかく終わらせること。**

子供が「時間係」をつとめる

　最初から授業はうまくいきません。

　まず、初任の先生自身が、時間を見ることができなくて、しょっちゅう時間を超過する授業をします。

　あるとき、４年の初任の先生に相談を受けました。

　「先生、先生から言われているように時間内に授業を終わろうとしていますが、時計が黒板の上にあって見えなくて、どうしても超過して子供たちの休み時間を奪ってしまいます！　何か手立てはありませんか？」と。

　私は、次のように答えました。

　「子供にしばらく手伝ってもらったらどうですか。時間係が係としているでしょう。その子に時間になったら、『先生、時間です！』と言わせたらどうでしょうか！」

　次の日から、このクラスはぴたりと時間どおりに終わらせることができるようになりました。３学期には、「先生！　５分前です」と知らせる時計係が登場してくるようになりました。その係が自主的に教師のまとめの時間を知らせ始めたのですから驚きました。　　　　　　　（野中）

ざわざわする授業 (1) ・その回復法

ざわざわするのには、原因がある!

初任の先生からよく相談されることがあります。

子供たちがいつもざわざわしていて、落ち着きません。
子供が勝手にしゃべったりしてしまいます。
注意すればその場は何とかなりますが、また同じようになってし
まいます。どうしたらいいでしょうか?

この事例は、魔の6月といわれる時期に起こってくることが多いので
す。これは「話の聞き方」が徹底していないから起こる典型的な事例で
す。

最初の授業で、ほとんどの先生は、次のように指導されます。

「これから授業などで先生の話を聞くときは、おしゃべりを止めて、
黙って話に耳を傾けます」

最初このように注意しておけば、子供たちはちゃんと話を聞くだろう
と思っています。しかし、「話を聞く」ということは、そんな簡単なこ
とではありません。

必ず、クラスにはすぐにぺらぺら話す3、4人の子供がいます。悪気
はないのです。今までの生活習慣で、頭に浮かんだことをすぐ言葉にし
てしまうのです。このような子供をそのまま放置しておくと、事例のよ

うな状況になっていくわけです。

ダメ押しが足りない！

「話を聞かせる」ためには、左のような注意をしたあとに必ず第2の注意を加えなくてはなりません。これをやっていないために、「ざわざわ」するクラスを招き寄せているのです。

その注意とは、次のことです。

話を聞く途中で、質問したいことや言いたいことが出てくるかもしれません。それをグッと我慢して最後に手を挙げて質問や言いたいことを話してください。

もちろん、この注意だけで3、4人のぺらぺら話している子供たちが我慢できるわけではありません。それでも、話の途中でぺらぺらと話し出したら、「Aさん、我慢して！」とか「Bさん、最後だよ！」と注意ができます。

これをくり返します。その3、4人がまったく話し出すのを止めることはなかなか難しいのですが、でもクラス全体は「し～ん」として話に耳を傾けるようになります。

いつでも教師の話に黙っている状態にすることは無理があります。

気軽に子供たちと冗談を言いながら「かけあい」の話をするときには、この3、4人の子供たちの登場です。

先生から「Aさん、どうなの？」とか「Bさん、一言お願いします」（笑）とふってもいいのです。クラス全体が笑って自由に話し合う場面も必要です。

こんなかけ合いの話を交えながら、黙って聞く場面では「し～ん」となることを区別するようにしていくことです。

（野中）

ざわざわする授業（2）・その回復法

子供たちがだらだらと動き出す！

初任の先生から次のような相談もよくあります。

子供たちが思うように動かなくて、困っています。
何か指示をすると、反応が遅く、だらだらと動き出します。
だから、ついつい叱ってしまいますが、効き目がありません。
どうしたらいいでしょうか。

指示をしても、子供たちがすぐに「さっ」と動かなくて、「だらだら」と動き出すというのです。

この状況も、6月頃に初任者のクラスに出てくる典型的な事例です。これも、基礎・基本の原則の指導を怠っている結果なのです。

「指示─確認」の原則

「算数のノートをしまいましょう！」という指示を出します。子供たちは机の中にしまい始めます。半分ぐらいの子供たちがしまったところで次の指示を出してしまいます。

「次に国語の教科書を出してください」と。まだ、算数のノートをしまっていない子供が半分いるのに、次の指示を出しているのです。

先生は、指示を出して、子供たちを見ていません。他のことをしています。指示についての確認をまったくやっていないのです。

　こういうことをくり返していくと、子供たちは「どうせ先生が言ったことはちゃんとやってもたいしたことがないや！」という結果になって、冒頭のような困った状況になってしまうのです。子供たちは、「ざわざわ」「だらだら」になるのです。

第1段階の「指示―確認」の原則

　これを回復していくには、「指示―確認」の原則をきちんと実践していくことです。

　「算数のノートをしまいましょう！」と指示を出したら、よく全体を確認します。しまっていない子供がいたら「Aさん、ほらノートをしまいましょう」と注意をしてあげればいいのです。

　全体ができた段階を確認してから、次の指示に移っていくことです。

第2段階の「指示―確認―フォロー」の原則

　もっと指示がうまくいくためには、次の原則を使いましょう。

> ### 「指示―確認―フォロー」の原則

　「算数のノートをしまいましょう」と指示を出して、すぐに「さっ」と動き出した子供には、「Bさん、早いね！　素晴らしい！」と声かけをします。これが「フォロー」です（第5章STEP 2を参照してください）。

　これをくり返していくと、どんどん早く動き出す子供が多くなります。子供たちは、認められること、ほめられることが大好きなんですから。

（野中）

おしゃべり授業・
その回復法

▲ ▲ ▲ ▲ ▲ ▲ ▲ ▲ ▲ ▲ ▲ ▲ ▲ ▲ ▲ ▲

必ず初任の先生の授業はこうなります！

　前述したように初任者の最初の授業は、必ず次のような授業になります。

　私が見てきた初任者の授業は、全部がこうでした。

ずっとおしゃべりしている。

　初任者はほとんど自分がしゃべっていることを意識していません。とにかく、必死で教えているわけですから。

　私たちは、「おしゃべり授業」と言っています。

　ただ、この「おしゃべり授業」は初任者だけでなく、多くの先生たちの「日常授業」に見られる授業法です。研究授業では、こんな授業にはなりませんが、日常の授業に戻ると、とたんにこの「おしゃべり授業」になってしまいます。

　授業の準備もそんなにできないので、ついつい「教えたいこと」をそのまましゃべってしまうということでしょう。

　子供たちは、最初はただ黙って聞いている以外にないわけです。

　そんな授業が普通の授業だと思っています。

　そうした話はつまんないのです。そのうちに、話を聞かなくなります。聞いたふりだけはします。

しかし、最近は「つまんねぇ～！」「うるせぇ～」などと言いながら、おしゃべりをしたり、勉強の邪魔をしたりする、やんちゃな子供が出てきています。

「おしゃべり授業」がその誘因になっているのです。

初任者には、この「おしゃべり授業」をできるだけ早く克服してくれることを願っています。

「おしゃべり授業」の問題点

「おしゃべり授業」とは、どんな授業でしょうか。

①授業の8、9割ずっとしゃべっている。
②発言するのは、いつもの4、5人。
③ほとんどの子供たちが傍観者。

これが顕著な特徴です。

初任者は、多くの子供たちに発言してほしいと願っているのですが、結局いつもの子供たちしか発言しなくなります。それでも、その子供たちは、教師の期待していることを発言してくれるので大助かりなんです。「みんなもこう思っているんだね」と言って、次へ進んでいけますから。

問題は、傍観者なのです。

この子供たちは最初はじっと聞いているだけですが、そのうちに聞かなくなったり、考えなくなったりしてしまいます。低学力児は、さらに学習が遅れていく結果になってしまいます。

第1段階　自分の授業を聞くこと

この「おしゃべり授業」を克服していくには、時間がかかります。すぐに克服できません。なかなか転換できません。

まず、何から手を付けていけばいいかということになります。

> **自分の授業を録音して聞くこと。**

これをおすすめします。

最近はスマホでも録音ができるようになっていますので、すぐに始めてください。最初の感想は決まっています。

「とても聞けなくて15分ぐらいで止めてしまいました！」となります。ほとんどの先生がそうなります。

「私の声が冷たくて、変な声で、また何を言っているのかわからないところがあるのです！」と訴えられます。そこを我慢します。

> ①我慢して最後まで聞く。
> ②ムダな言葉や、わからない言い方をチェックする。

「一人研究授業」と名付けています。

誰にも迷惑をかけないでできます。しかも、月に1回でも続けていけたら、みるみるうちに授業が締まってきます。

定期的に続けられたら、名うての授業者になることは請け合いです。

第2段階　指導言の区別をすること

次の段階は、授業での「指導言」を整えます。

「指導言」というのは、授業の中で話している言葉のことです。

教師は、授業で「発問」、「指示」、「説明」を発しています。一斉授業では、この3つで授業をしています。

ところが、初任の先生の授業は、次のような傾向を示します。

発問なのか、指示なのか、説明なのかわからない！

これが録音したときに、「何を言っているのかわからない！」という正体なのです。

　「指導言」を整えるというのは、「発問」の場合、「指示」の場合、「説明」の場合に、それぞれに合う指導言で子供たちに対応しなくてはなりません。

　「発問」は、問いかけです。「指示」とは、行動を促すことです（「〜しましょう」「〜しなさい」など）。「説明」とは、事柄の内容や意味を説明することです。

- **発問**の場合……子供たちは、考えることが中心になります。「この場面の季節はいつでしょうか？」など主要な発問は、ノートに書かせていきます。

- **指示**の場合……普通、発問をしたら、指示を出すことが多いのです。「ノートに書きましょう。理由も書きますよ」と指示を出します。指示を出したら、机間指導をして、出した指示が的確に伝わっているかチェックしていきます。決めた時間が終わったら止めさせて書いたことを発表させていきます。

- **説明**の場合……最後に、説明をしてまとめていきます。また、45分の最初では、説明から入る場合もあります。

　このように、きちんと「指導言」を区別していきます。

　大切なことは、教師自身が今どの「指導言」を発しているのかを自覚しておくことなのです。
　　　　　　　　　　　　　　　　　　　　　　　　　　　　（野中）

挙手指名だけで進めていく授業・その回復法

▲ ▲ ▲ ▲ ▲ ▲ ▲ ▲ ▲ ▲ ▲ ▲ ▲

4、5人の子供たちで進めていく授業

　今まで多くの初任の先生の授業を見てきました。

　ほとんどすべての先生が、子供を指名するときは、挙手している子供でした。それ以外の子供を指名することがありません。

　先生は、「間違ってもいいから、どんどん意見を言ってください」と言っていますが、どうしてもいつもの４、５人の子供しか手を挙げません。

　授業はそれで進んでいきます。

　私は、初任の先生に、

　「みんなの意見を聞きたいから、先生のほうから指名するから考えたことを言ってください。ただ、まだ考えられない場合やわからない場合は『まだ考えていません』とか『わかりません』とはっきり言えばいいのですよ」

と言って、子供たちに指名をすればいいですよと助言することにしています。

　しかし、教師から指名することには抵抗があります。

　それは、「主体的」に挙手していない子供に指名することへの抵抗感かもしれません。

　それでも、授業は、全員参加にしなくてはなりません。

　いつも４、５人の子供たちばかりの挙手指名で授業をしていると、他

の子供が傍観者になり、「考えない子供」たちをつくってしまうからです。

全員参加の授業をしよう

義務教育段階で子供たちに育てていかなければならない１つの大きな課題は、次の３つだと、私は考えています。

> ①課題について自分で考える。
> ②考えたことを言葉にする。
> ③それを他に伝える。

「挙手指名型授業」ばかりをしていると、多くの子供たちにこの課題を身につけさせることができません。

また、この課題はすぐには身につきません。

だから、粘り強く全員参加の授業を続けていきます。

とくに、クラスにいる内向的な子供は、なかなかみんなの前で発表することができないのですから。

どうしても教師のほうから誘い込んで場数を踏ませていくことが必要です。そのための全員参加の授業です。だからこその指名発言です。

私たちは、「全員参加」の授業を次のような方法で提起しています。

> A　指名をする（列指名、名前順指名、男女順指名など）。
> B　ペアで相談する。
> C　グループで相談する。
> D　挙手指名をする。

挙手指名は、全員参加の授業をするための１つの指名方法に過ぎないのです。
（野中）

やんちゃ対応で失敗する！
・その対処法

やんちゃ対応で一番苦慮する！

　初任の先生が、学級経営で一番苦慮することは、やんちゃ対応なのです。クラスの中で、授業中おしゃべりをしたり、授業の邪魔をしたり、教室を飛び出していったりする子供たちにうまく対応できないでいます。

　あるいは、しょっちゅう「その子」に対応していて、他の子供たちへの対応が留守になり、クラス全体が荒れていく結果になっています。

　そのやんちゃな子供たちの中には、発達障害や愛着障害などの子供が含まれていることが多いのです。

　先頃、通常学級に通う公立小中学校の児童生徒の8.8％に発達障害の可能性があることが、文部科学省の調査（通常の学級に在籍する特別な教育的支援を必要とする児童生徒に関する調査（令和4年））で明らかになりました。

　10年前の前回調査から2.3ポイント上昇し、35人学級なら1クラスに約3人が読み書き計算や対人関係などに困難があるとみられています。このうち約7割が各学校で「特別な教育的支援が必要」と判断されていなかったのです。

　初任者は大変です。特別な支援をする方法を学んでいないわけですから。だから、とにかく四六時中関わらなければならなくなります。

　時には厳しく叱ったりして、それがかえって反発を招いて、さらに関

係がおかしくなっていきます。

自分一人で絶対抱え込まない！

　まず、確認しなければならないことは、「自分がこの子を何とかする！」と身構えないことです。実際にはできません。

　私が知っている事例では、初任者のクラスにどんな音にも反応してしまう発達障害の子供がいて、その対応に苦慮していました。真面目な先生だったので、「自分が、自分が……」と対応してしまって、ついにどうにもならなくなり、教師を辞めてしまいました。

　その子にばかり関わっていると、他の子供たちに空白の時間が数多くなり、結局クラス自体が荒れていくのです。

　だから、そういう子供がクラスで動き始めたら、まず学年主任の先生や校長に相談しなければなりません。

　くり返しますが、絶対に自分で何とかすると思わないことです。

①空白の時間をつくってはならない

　ただ、数人のやんちゃな子供たちは、クラスの中で目立つ行動をとっているのです。対応せざるをえません。こんなときにどんな対応をするのか、その原則を上げておきましょう。

　先述しましたが、授業中、問題行動を起こしたときには、どうしてもその子にずっと対応してしまうということになりがちです。

　この場合の原則は、次のことです。

> **みんなが先、個々は後**

　みんなが後回しになり、その子の対応をしているときに、みんなはずっと待っているだけになりがちです。あるいは、もめごとの仲裁で関係者だけを廊下に集めて、他の子供たちには自習をさせていくということになりがちです。

こんな「空白の時間」を多くつくっていくことによってクラスが崩れていきます。数多い学級崩壊の事例がそのことを示しています。

　だから、こういう場合は、みんなにきちんと指示を出して、それから個々の子供への対応をしていくことです。授業中、廊下に関係者を集めていくことは止めなくてはなりません。休み時間に対応すべきなのです。

②その子の土俵に下りない！

　次に大切な原則は、次のことになります。

その子の土俵に下りてはならない！

　その子に指導しているときに、その子は担任に反発してくることがよくあります。「うるせぇ～」「うぜぇ～」などの言葉。

　この言葉にカチンときて、「そんなことを先生に言うのはおかしいでしょう！」「あやまりなさい！」と言って、その子の土俵に下りていきます。よくあることです。でも、これをやってはいけません。

　必ず、反発がかえってきて、ますます関係が悪くなっていきます。

　「闘って」はいけないのです。闘わないようにしなければなりません。

③「ど」や「そ」のつく言葉を使う

　それではどうしたらいいのでしょう？

　ここにも基本的な言葉かけの原則があるのです。

　まず、問題行動を起こしている子供に対しては、次のような言葉かけから入ればよいです。導入段階に使えます。

「ど」のつく言葉で対応する！

　「どうしたの？　何かあったの？」「どれどれ（話してごらん）」「どうですか」「どうぞ」など (註1)。

また、「うるせぇ〜」「うぜぇ〜」などの言葉が返ってきたときは、否定や言い返しは避けて、次の言葉を使うようにしたいのです。

「そ」のつく言葉で対応する!

「そーなの」「そうなんだ」「そうか」「そうだよね」など(註2)。
これらの言葉は相手を傷つけません。事実を認める言葉だからです。

④成功体験を積み重ねる

そのやんちゃな子供に対しては、3つの「ほめ言葉」をくり返したいのです。ほめることは、その子たちの成功体験になります(註3)。

　A　短いフレーズで元気よくほめる。
　　「すてき」「ばっちり」「すごい」など。
　B　名前を呼んで特定化してあげる
　　「すてきだね、菜々子さん」「ばっちりだよ、一郎くん」など。
　C　成長や達成を実感できるようにほめる。
　　「できるようになってきたね」「やったじゃない」など。

(野中)

註1・2・3:脳科学者・平山諭氏の『満足脳にしてあげればだれもが育つ!家庭や職場でも使える対応スキル満載』(ほおずき書籍、2011年)を参考にしました。

声の出し方・出させ方

▲▲▲▲▲▲▲▲▲▲▲▲▲▲▲▲

初任の先生が陥るワナ

　5月頃の話です。私は、朝、廊下で初任者の先生に「おはよう」と声をかけました。すると、ガラガラな声での挨拶……。あまりの痛々しさに驚き、理由を聞いてみたら、「大きな声で話し続けて喉をつぶしてしまった」ということでした。

　その初任者の先生は、このように考えていました。

大きな声で、話せば聞こえるはず。

　これは、正しいようでて、実は正しくありません。

　確かに、大きな声を出せば、初めは伝わります。しかし、大きな声で話し続けると子供たちは次第に慣れ、その効果も薄れていきます。また、大きな声で話すと話すスピードも速くなりがちです。結果的に、雑音と変わらないものになってしまうのです。

　では、どうしたらいいでしょうか？　改善方法は、一つです。

普通の声で、ゆっくり、はっきり話す。

　必要以上に、大きな声はいりません。大事なことは心地よく「聞かせること」なのです。

若手の先生の問いから

　7月頃の話です。若手の先生が、雑談の中で「休み時間は元気なのに、授業中に発言する子も少なく、発言しても声が小さいですよね。どうしてでしょうかね」と話題にしました。

　そこで、次の日、私は彼のクラスを見に行ってみることにしました。

　私は、すぐに、弱点に気がつきました。

子供と教師の一対一授業になっていた。

　若手の先生は、発言している子の意見にいい反応をしていました。しかし、クラス全体に目を向けてみると、どうでしょう。「手いじりをしている子」「教科書を眺めている子」「うわの空で窓を見ている子」とさまざまでした。つまり子ども一人ひとりが聞くという姿勢になっていなかったのです。

　子どもは、クラス全体が聞いてもらえるという安心感があって初めて、声を出そうとします。また、聞いてもらった経験があるからこそ自分も聞かなくてはならないと思います。

　私が、若手の先生にアドバイスした改善方法は以下のとおりです。

> ①教師は一歩引こう。
> ②全体の眼差しを発表者へ向けよう。
> ③意見に反応させよう。

　教師が、一歩引くことで、子供が反応できる余地をつくります。

　また、姿勢面では、全体の眼差しをしっかり発表者に向けさせる指導をしましょう。

　加えて、子供たちは、意見に対してどう反応してよいかわからない場合もあります。頷きや「そうか」「なるほど」といった相槌など反応の仕方を全体に、教えていくことも大切です。クラスの雰囲気づくりが、子供たちに声を出させる第一歩となるのです。　　　　　　　（水谷）

第 7 章

つまずきのある
子供への指導法

拾い読みをする子供

▲ ▲ ▲ ▲ ▲ ▲ ▲ ▲ ▲ ▲ ▲ ▲ ▲ ▲ ▲ ▲

ぶつ切りの読み方になってしまう！

クラスの中には、必ず何人か本を読ませたら、拾い読みをする子供がいます。「わ・た・し・は……」というように、文字の１つ１つを拾いながら読んでしまうのです。言語認知能力が不足しているためです。

スムーズに音読するということは、口に出している言葉の少し先の文章をすでに目でとらえているということです。視線をずらしながら読んでいるのです。

ところが、拾い読みをする子供は、この「目ずらし」ができません。「わたしは」の「わ」を読んでいるときに、続く「た」を見ていないために一字一字でひっかかってしまい、ぶつ切りの読み方になってしまうのです。

教師たちは、音読の重要さを認識していない！

文字で表されているものを、まずは言葉としてすらすら読めること、正確に音声化できることは、国語の学力では「基礎の基礎」として考えることができます。

拾い読みをする子供には、この力がついていません。だから、これができない子供は、これ以上の国語の学習は、積み重ならないわけです。いや、すべての学習でついていけない状態を表します。

昔の親たちは、夕食づくりのときに飯台のそばに我が子を座らせて、

教科書の音読をさせました。家々から子供の音読の声が聞こえてきたのです。親たちは「すらすら読めること」が子供の学習状態が一番よくわかることだと知っていました。だから、それに力を入れました。

　教師の多くは、音読の重要さをそれほどに重要視しておりません。すらすら読めなくては、それ以上にペープサートや紙芝居、話し合いなどを積み重ねても、ただ活動をやっているだけにしか過ぎないことをわかっていません。それほどに重要なものです。

「はさみ読み」で拾い読みを克服したい！

　拾い読みをする子供をすらすら読めるようにするにはどうしたらいいでしょうか。

　私は、次のやり方を推奨しています。

> **はさみ読みをさせること。**

　このやり方は、言葉を１つのかたまりとして目でとらえ、一気に読んでいく方法です。

① 「わたしは」という語句を、そのかたまりとして「人差し指」と「親指」ではさむようにさせて、一気に読ませます。かたまりで読ませます。

②はじめのうちは、教師が隣について語句のかたまりを示してあげます。

③ 「目ずらし」ができるようにしていきます。

　低学年教師の国語学習での役割は、そんなに多くの課題はありません。なによりも「音読の力」をどのように育てていくかにかかっています。国語の教科書だけでなく、どの教科でも、必ず音読をさせるということを優先させて指導していくことが必要です。　　　　　　　（野中）

漢字の習得が
うまくできない子供

▲ ▲ ▲ ▲ ▲ ▲ ▲ ▲ ▲ ▲ ▲ ▲ ▲ ▲ ▲

漢字習得のポイントはアウトプット！

２年生の初任の先生から訴えられました。

「先生、漢字指導がうまくいきません。先生に言われたとおり、毎日２、３字の漢字をテレビを使って書き順を指導し、宿題で１ページを出して徹底していますが、ほとんど書けるようにはなりません」

よく聞いてみると、市販テスト（50問テスト）でほとんどの子供が50点以下の点数であるとのこと。

その状況を改善するために、初任の先生の漢字指導をきちんと見ることになりました。確かに丁寧な指導を心がけています。ただ、致命的な問題点がありました。

「先生、丁寧な指導をされています。それはそれで充分です。ですが、先生の指導はインプットだけで、アウトプットがほとんどなされていないのですよ。そこで子供たちは漢字習得ができません」

「えっ、それは、どういうことですか？」

「インプットは、今の指導でよいのですよ。問題は、アウトプット。漢字習得のアウトプットというのは、小刻みな漢字テストなのですよ」

「どうすればいいんですか？」

「一緒にその小刻みな漢字テストをつくりましょう」

そのテストで、結果的に１か月でほとんどの子供たちが80点以上の

点数をとるようになりました。

　その漢字テストを紹介しておきましょう。

5問テストで漢字習得は飛躍的に伸びる！

　まず、漢字5問テストをつくりました。

①今まで教科書で学習してきた漢字を5問テストにする。
②4回の5問テストの次に、20問テストをする。
③国語授業の最初の5分間を使って、そのテストをする。
④国語授業の最初に、自分でテストを取りに行き、すぐ始める。書いたら先生のところへ持って行く。5問正解だったら、合格の印をカードにつけてもらう。不合格だったら、練習して明日もう一度テストをする。

　さらに、学習の進度に合わせて、朝自習などでこのような取り組みをすればより効果的なものとなります。今回は緊急事態の対処法です。

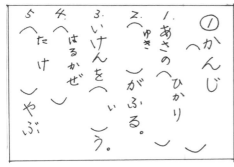

（野中）

かけ算九九ができない子供

▲ ▲ ▲ ▲ ▲ ▲ ▲ ▲ ▲ ▲ ▲ ▲ ▲ ▲ ▲

かけ算習得は、上がり九九、下がり九九、ランダム九九!

　かけ算は、2年生の時に習得するものです。

　この習得の段階で、「上がり九九」だけで合格にしている先生がいます。「にいちが2」「ににんが4」……です。

　これでは不完全です。きちんと覚えないままに進んでしまう場合が多いのです。必ず「下がり九九」（「にく18」「には16」……）と「ランダム九九」（には16、にろく12、にしが8……）ができて合格にしていくことです。2年生は、かけ算九九カードを学年全体で購入して、子供たちは全員持っているはずですので、これを使って合格の判定をすればいいのです。

　この九九を覚えていないと、3年生以上の算数学習の計算がうまくいかなくなり、その結果、算数嫌いを招いてしまいます。強制をしてでも、覚えさせなくてはならない課題なのです。

　さて、3年生以上の学年で、かけ算九九をうまく覚えていない子供を受け持つことがあるでしょう。

　その子供には、とにかく早めに覚えさせなくてはなりません。その方法については、給食の準備時間を使うのがいいです（第7章STEP 4で紹介）。

　まずは、算数学習の最初のところで、次ページのプリントを使ってテストし、覚えていない子供を発見することから始めます。　　　（野中）

かけ算九九表

名前（　　　　　　　　　　　　）

① 3 × 5 ＝
② 2 × 9 ＝
③ 3 × 7 ＝
④ 7 × 7 ＝
⑤ 2 × 4 ＝
⑥ 7 × 9 ＝
⑦ 6 × 6 ＝
⑧ 2 × 3 ＝
⑨ 1 × 7 ＝
⑩ 6 × 8 ＝
⑪ 8 × 8 ＝
⑫ 5 × 9 ＝
⑬ 4 × 6 ＝
⑭ 2 × 6 ＝
⑮ 1 × 9 ＝
⑯ 1 × 1 ＝
⑰ 4 × 8 ＝
⑱ 1 × 3 ＝
⑲ 5 × 6 ＝
⑳ 1 × 5 ＝
㉑ 5 × 7 ＝
㉒ 3 × 9 ＝
㉓ 4 × 4 ＝
㉔ 3 × 8 ＝
㉕ 9 × 9 ＝

㉖ 6 × 9 ＝
㉗ 3 × 3 ＝
㉘ 1 × 6 ＝
㉙ 1 × 2 ＝
㉚ 4 × 7 ＝
㉛ 2 × 8 ＝
㉜ 1 × 8 ＝
㉝ 5 × 8 ＝
㉞ 5 × 8 ＝
㉟ 3 × 4 ＝
㊱ 6 × 7 ＝
㊲ 1 × 4 ＝
㊳ 2 × 2 ＝
㊴ 4 × 5 ＝
㊵ 2 × 5 ＝
㊶ 7 × 8 ＝
㊷ 4 × 9 ＝
㊸ 8 × 9 ＝
㊹ 5 × 5 ＝
㊺ 3 × 6 ＝
㊻ 5 × 4 ＝
㊼ 9 × 3 ＝
㊽ 8 × 7 ＝
㊾ 4 × 1 ＝
㊿ 7 × 6 ＝

(51) 8 × 4 ＝
(52) 7 × 1 ＝
(53) 9 × 1 ＝
(54) 7 × 5 ＝
(55) 3 × 1 ＝
(56) 4 × 2 ＝
(57) 5 × 1 ＝
(58) 7 × 4 ＝
(59) 9 × 6 ＝
(60) 8 × 1 ＝
(61) 4 × 3 ＝
(62) 8 × 5 ＝
(63) 5 × 2 ＝
(64) 9 × 8 ＝
(65) 6 × 4 ＝
(66) 8 × 6 ＝
(67) 9 × 4 ＝
(68) 6 × 2 ＝
(69) 9 × 7 ＝
(70) 9 × 5 ＝
(71) 9 × 2 ＝
(72) 8 × 2 ＝
(73) 7 × 3 ＝
(74) 3 × 2 ＝
(75) 6 × 5 ＝

(76) 6 × 1 ＝
(77) 2 × 1 ＝
(78) 6 × 3 ＝
(79) 7 × 2 ＝
(80) 5 × 3 ＝
(81) 8 × 3 ＝

給食の時間を使った指導法

▲ ▲ ▲ ▲ ▲ ▲ ▲ ▲ ▲ ▲ ▲ ▲ ▲ ▲ ▲ ▲ ▲ ▲

かけ算九九の克服から始める！

　学習につまずきのある子供を、授業中に何とかしていくのは大変です。うまくいきません。限界があります。そこで個人指導をする時間を探しますが、ありません（休み時間を使うのはよくありません）。

　最近は、放課後に残して指導をすることができなくなっているので、時間はありません。

　唯一、使える時間があります。「給食の配膳時間」（10分ほど）です。この時間は、中学年以上は、担任の自由になる時間です。低学年は給食の準備を担任がしなければならないので、勉強係の手助けが必要です。

　どのようにこの時間を使っていくか紹介しておきましょう。

①全体に伝える

　「これから計算が苦手な人、かけ算九九が苦手な人、音読が苦手は人たちの『苦手退治』をします。まずかけ算九九から始めます」

　こう言って、苦手な子供たちの説得にあたります。最初は、なかなか気乗りしない子供たちですが、とにかく頑張らせていきます。

②できないかけ算九九を単語帳に書く

　100円ショップなどで購入した単語帳（3、4個のセット）に間違いやすぐに言えない九九を記入します（第7章STEP 3のかけ算九九表を使って調べておきます）。裏に答えを書きます。

③10分間で覚える

　給食当番でない子供たちは、この時間を九九を覚える時間にします。

　覚えて教師のところに来させ、テストします。きちんと言えたら、そのカードに「正」の字になるように一画ずつ書きます。

　5回（きちんと正になったら）言えたら、そのカードを引き抜きます。だんだんカードが少なくなるので、やる気が出てきます。

④もう一度プリントに挑戦

　全部カードが引き抜かれたら、子供は大喜びするはずです。担任も一緒に喜び、ほめてあげることです。

　しかし、ここで止めたら元の木阿弥になってしまいます。

　「ここで止めたら、また忘れてしまうよ。ずっと忘れないためにも頭の中に九九を刻み込んでおかなくてはならないよ！」と言って、もう一度かけ算九九表に挑戦します（4分ぐらい。これも給食の配膳時間の10分間で行います）。

　必ず、間違っている九九や忘れている九九があるはずです。それでも、最初よりも少なくなっています。これも単語帳に書き出します。そして、また同じことをやります。今度は、前よりはスムーズなはずです。そして、完全にプリントで正答が書けたら合格になります。

⑤全体の子供たちに紹介する

　このように挑戦して克服したら、子供たち全体に紹介します。

　「○○さんがついにかけ算九九を全部言えるようになりました。おめでとう（拍手）。九九を言えるようになったことも素晴らしいことですが、もっと素晴らしいことは、苦手だったことに挑戦して乗り越えたことです。そこがもっとすごいのです。誰でも苦手なことがありますが、こうして○○さんは、苦手を乗り越える方法を身につけたのですから」とほめ称えます。

　かけ算九九が克服できたら、この時間を計算の苦手な子供、本をすらすら読めない子供などの挑戦する時間に使っていきます。　　　　（野中）

体育でボールが強く投げられない子供

①的当てゲーム〜主運動につながる準備運動をする〜

　「シュートゲーム」（主運動）につながる準備運動として「的当てゲーム」をします。チームごとに分かれて、壁に貼られた「的」をめがけてボールを投げます。

　決められた時間内に何回も投げることができます。投げる位置は、3本線を引いて自分が的に届く位置から投げるようにします。友達の投げ方をよく見るように指示を出します。

「ボールを強く投げるポイントを見つけよう」

教師が投げ方を見せる

チームで的当てゲームをする

②投げ方のポイントの共有～掲示していつでも見られるようにする～

　「的当てゲーム」で見つけた「投げ方のポイント」を発表させて，教師はそれをイラストに毎時間書き込んでいきます。このポイントを「シュートゲーム」に生かせるように教師は声かけをします。このイラストは、掲示してあるのでいつでも見ることができます。

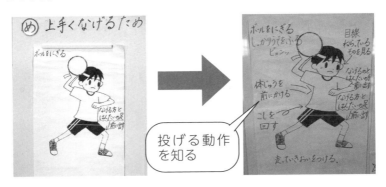

　投げる動作がわかっても、うまく投げることができない子供に、教師は、一緒に投げるお手伝いをします。実際に体を動かして、自信がもてるように声かけして、チャレンジさせましょう。（田村）

低学力の子を引き上げる 「算数学力向上メソッド」

▲ ▲ ▲ ▲ ▲ ▲ ▲ ▲ ▲ ▲ ▲ ▲ ▲

学力が上がらない子供たちの存在

職員室でこんな話題がよく上がります。

しっかり教えているのに、学力が上がらない子供たちがいる。

先生方は、「何とかしよう」「どうにかしなければ」と必死に教えています。しかし、なかなか改善せず、悩みは深くなります。

私も経験が多々あります。こういった子供たちは学習の意欲も低い傾向にあり、モチベーションを上げるだけでも一苦労です。また、発達に遅れがあり、支援がうまくいかず、低学力が固定化されてしまうケースも見受けられます。

だからこそ、こういったことに歯止めをかけたいのです。低学力の子供たちをなんとか引き上げたいのです。ぜひ、初任者・駆け出しの先生たちにも挑戦してほしいです。私は、この挑戦のために「学力向上メソッド」を使っています。それを紹介します。

学力向上メソッドの仕組み

インプットとアウトプットが連動することが、学力向上メソッドの仕組みです。インプットとは、脳の中に、情報や知識を「入力」すること

です。また、アウトプットとは、脳の中に入ってきた情報や知識を、脳の中で処理し、外界に「出力」することです。

『学びを結果に変えるアウトプット大全』（樺沢紫苑、サンクチュアリ出版、2018年）の中で、「インプットとアウトプットの黄金比は3：7」「2週間に3回使った情報は、長期記憶される」とあります。

つまり、いくらインプットしたところで、アウトプットしなければすぐに忘れてしまします。使わなければ意味がありません。

学力向上メソッドの流れ

算数学力向上メソッドは、復習テスト、「味噌汁・ご飯」授業、宿題プリントの三段階で構成されています。

---

①復習テスト
前の日に出した宿題と同じ問題を授業冒頭3分間で行う。答え合わせもしっかり行う。
② 「味噌汁・ご飯」授業
「味噌汁・ご飯」授業で授業展開をします。（詳しくは、『日々のクラスが豊かになる「味噌汁・ご飯」授業　算数科編』明治図書出版、2017年参照）
③宿題プリント
授業で行った問題や類題を宿題として出す。

この三段階は、連動性があります。「味噌汁・ご飯」授業でインプットとアウトプットを、宿題プリントと復習テストでアウトプットをしっかり行うことで、インプットとアウトプットの黄金比である3：7というものに近づけています。

学習の苦手な子は、記憶の面でハンデがある場合があります。記憶のプロセスは、感覚記憶→短期記憶→長期記憶という過程を経ますが、そのような子は、長期記憶に至るプロセスに問題があることが多いです。とくに、ワーキングメモリ（短期記憶の一部）の力が弱く、判断したり

情報を加工したりすることも苦手で、容量も少ないです。

　だから、学力向上メソッドは、低学力の子供たちが学んだことを長期記憶に移行しやすい構造となっていて、支援の質が高くなるのです。

知識・技術はほとんどが9割以上に！

　下の表は、以前私が受け持った6年生のクラスの結果です。

	文字を使った式	分数と整数のかけ算とわり算	対称な図形	分数のかけ算	分数のわり算	データの見方	円の面積	比例と反比例	角柱と円柱の体積	比	拡大図と縮図	並べ方と組み合わせ	全平均
知識技能	88.5	94.8	94.8	97.3	93.8	88.2	90.3	92.3	93.3	94.3	90.1	94.2	92.7
思考判断表現	89.3	89.1	94.4	96.9	78.8	87.5	83.3	85.4	92.7	92.7	79.1	80.2	87.5

注：50点満点の単元は100点換算に統一

　知識技能は、ほとんどの単元で9割以上という好調な結果となりました。また、思考判断表現は、7割台の結果もありますが、平均8割7分と健闘しています。低学力の子供たちも、授業を重ねるたびに学習の型を少しずつ身につけ6割を切ることが少なくなりました。

低学力の子供たちのマインドが転換

　サッカーでよく聞く言葉に、勝者のメンタリティと敗者のメンタリティいうものがあります。

　サッカーの試合で勝ち続けているチームを見ると、選手たちに力強い雰囲気が感じられます。そういったチームには、勝者のメンタリティが

備わっていて、自分たちが積み上げてきたものに対する自信がみなぎっているのです。

一方、敗者のメンタリティを植え付けられたチームや選手はというと、自信は失われ、不安や恐れが表情や立ち姿に現れてしまいます。

このようなメンタリティは、自己イメージに関係があります。モチベーションの研究ではこの自己イメージを常にポジティブに持っていくことが大切だといわれているのです。

さて、この考えを学校に置き換えてみましょう。低学力の子は、経験から自己イメージがネガティブなものになっています。勉強しても成果が出ない。保護者から叱責され、友達に馬鹿にされる。こういったことが積み重なり、いつの間にか、敗者のメンタリティになっているのです。

だから低学力の子を救うには、マインドの転換が求められます。そのきっかけこそ、テストの点なのです。このメソッドは、記憶と連動しているので定着しやすいです。定着すれば点数が取れ、自信になります。自信が続けばマインドは、勝者のメンタリティとなっていきます。

みんなの自信向上により学級経営もプラスに

一つの教科に自信が出ると、あらゆるところでよくなっていきます。

以前、私のクラスで発達の遅れで学習に対してネガティブになっている子がいました。学力向上メソッドの取り組みで算数の点数が伸び、算数の学習に対して意欲的になりました。そして、苦手だった漢字学習も自主的に取り組み、漢字テストでも高得点を取るようになったのです。

「どうして、漢字を頑張ろうと思ったのか」聞くと、「算数でもできたから、国語でもできるはずだ」と答えた言葉が印象的でした。

また、その言葉を聞いた友達が、その子のことを応援したり、気にかけたりするようになり、クラス全体が温かい雰囲気になっていきました。このように、学力向上メソッドの取り組みが、学力だけでなく、学級経営をより向上さるものとなったのです。　　　　　　　　　　（水谷）

著者紹介

野中　信行（のなか・のぶゆき）
佐賀大学教育学部を卒業後、横浜市で37年間小学校担任として過ごす。25年以上初任者指導の仕事を続けている。現在も各地の教育委員会で初任者指導にあたっている。主な著書に、「新卒教師時代を生き抜く」シリーズ本（明治図書出版）、『新卒時代を乗り切る！　教師1年目の教科書』（学陽書房）、また初任者指導の先生方へ向けて『新任教師を失敗させない初任者指導の教科書』（共著、明治図書出版）など多数ある。

秦　安彦（はた・やすひこ）
1959年東京都生まれ。東京学芸大学を卒業後、神奈川県公立小学校に勤務。12年間、初任者指導にあたる。現在は拠点校指導員として初任者指導を担当。また、「味噌汁・ご飯」授業研究会会員として日常授業研究を進める。主な著書は『新卒教師時代を生き抜く“2W”仕事術』（明治図書出版）、『日々のクラスが豊かになる「味噌汁・ご飯」授業 算数科編・国語科編』（共著、明治図書出版）などがある。

水谷　陽一（みずたに・よういち）
1981年北海道小樽市生まれ。日本大学文理学部心理学科卒。療育施設職員・学童職員を経て、神奈川県公立小学校勤務。公認心理師。「味噌汁・ご飯」授業研究会会員。「オンライン教師1年目の教室」事務局。心理学の視点を入れながら学級経営を行うと共に、若手の育成を行っている。主な著書には『日々のクラスが豊かになる「味噌汁・ご飯」授業　算数科編』（共著、明治図書出版）などがある。

田村　弘之（たむら・ひろゆき）
1981年岡山大学教育学部を卒業後、38年間岡山市公立小学校に勤務。退職後4年間、拠点校指導教員として、初任者指導にあたる。現在は岡山市立富山小学校を本務校として、6名の初任者指導及び若手育成を行っている。主な著書に『心と体を育てる体育授業上達セミナー〈6〉走り幅跳びの習熟課程』（明治図書出版）などがある。

ここだけはおさえたい！　教師1年目の授業づくり

2023年8月25日　初版発行
2024年2月15日　2刷発行

編　著————野中　信行
発行者————佐久間重嘉
発行所————学陽書房
　　　　　　　〒102-0072　東京都千代田区飯田橋1-9-3
営業部————TEL 03-3261-1111／FAX 03-5211-3300
編集部————TEL 03-3261-1112
　　　　　　　http://www.gakuyo.co.jp/

ブックデザイン／八木孝枝
本文DTP制作／越海辰夫
印刷・製本／三省堂印刷